PRIX	BIBLIOTHÈQUE POPULAIRE	PRIX
50 CENTIMES	DU THÉATRE MODERNE	50 CENTIMES

LE
COMTE D'ESSEX

DRAME HISTORIQUE EN CINQ ACTES

PAR

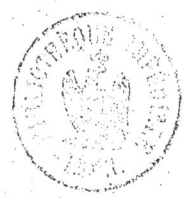

F. COUTURIER

Représenté pour la première fois, à Paris, sur le théâtre impérial du CHATELET, le 4 mai 1868

PARIS
E. DENTU, ÉDITEUR
LIBRAIRE DE LA SOCIÉTÉ DES GENS DE LETTRES

Palais-Royal 17, et 19, Galerie d'Orléans

—

1868

Librairie de E. DENTU, Éditeur, Palais-Royal,
GALERIE D'ORLEANS, 17 ET 19

PRIX	BIBLIOTHÈQUE POPULAIRE	PRIX
50 CENTIMES	DU THÉATRE MODERNE	50 CENTIMES

LE COMTE D'ESSEX

DRAME HISTORIQUE EN CINQ ACTES

PAR F. COUTURIER

Représenté pour la première fois, sur le théâtre impérial du CHATELET, le 4 mai 1868.

DISTRIBUTION DE LA PIÈCE

POUR PARIS ET LES GRANDES VILLES.

COMTE D'ESSEX (jeune premier rôle et premier rôle).......................	MM. LARAY.
WALTER RALEIGH (grand premier comique e genre).......................	JULIEN DESCHAMPS.
...KSPEARE...................................	COULOMBIER.
...HOWARD (troisième rôle)...............	DALBERT.
...D CÉCIL BUCLEIGH......................	ARONDEL.
...D BUCKHURST............................	BOILEAU.
...LETON....................................	PATONNELLE.
...D SOUTHAMPTON......................	DONATO.
...HON, chapelain..........................	NOEL.
...TON, gentilhomme pensionnaire.......	HODIN.
OLIVIER DE SAINT-JOHN...................	MAXIME.
...TINGHAM, gentilhomme pensionnaire...	HURIER.
...NDON, vicomte...........................	MONTI.
...ORD, gentilhomme pensionnaire.......	TÉTREL.
...TZO, vicomte.............................	PROST.
...RY.......................................	LAFERTÉ.
TARELLI, maître de ballet...............	VIAL.
...MAS, majordome du comte............	LOMON.
...MPSON, sommelier du comte..........	FABRE.
...ON, chancelier...........................	THÉOL.
...K, accusateur...........................	BARBIER.

LE BOURREAU.............................	BRANCHE.
DAVIDSON, huissier de la cour.........	MARTIN.
LE GEOLIER...............................	
ÉLISABETH, reine d'Angleterre (grand premier rôle).......................................	Mmes CORNÉLIE.
CATHERINE SIDNEY (jeune première)...	DESHAYES.
LADY HOWARD (jeune troisième rôle),..	L. FLEURY.

POUR LA PROVINCE.

1. LE COMTE D'ESSEX.
2. SIR WALTER RALEIGH.
3. SIR HOWARD.
4. SHAKSPEARE.
5. { LORD CÉCIL BUCLEIGH. / LORD BUCKHURST.
6. { TARLETON. / SALTARELLI. / DAVIDSON.
7. { SOUTHAMPTON. / ASTHON, chapelain. / BACON.
8. { NOTTINGHAM. / BLETZO. / LE BOURREAU.
9. { ASHTON. / OLIVIER DE St-JOHN. / OXFORD.
10. { THOMPSON. / CLARY. / THOMAS.
11. { COOK. / LE GEOLIER.
12. ÉLISABETH.
13. CATHERINE SIDNEY.
14. LADY HOWARD.

ACTE PREMIER

Au château d'Essex.

...de collines. Jardin anglais sur la scène. Pelouse. Bosquets à gauche ...nduisant au parc. A droite la façade extérieure du château d'Essex ...ec perron. — Au lever du rideau des valets traversent la scène en ...ulant des barriques, d'autres portent des jambons, victuailles de toute ...tes.

SCÈNE PREMIÈRE

PREMIER VALET, DEUXIÈME VALET, puis THOMAS et THOMPSON.

THOMAS.

...! cette pluie d'orage a rafraîchi le temps, on respire au ...s.

PREMIER VALET.

...faut-il porter cette barrique, maître sommelier?

THOMPSON.

...champ de luttes.

DEUXIÈME VALET.

Et celle-ci?

THOMPSON.

Aux champ de courses.

TROISIÈME VALET, entrant.

Où faut-il porter ces provisions, monsieur le majordome?

THOMAS.

Où vous voudrez; donnez-les à ceux qui vous les demanderont. Je renonce à mettre de l'ordre dans la distribution....
(Les valets sortent par le parc.)

SCÈNE II

THOMAS, THOMPSON.

THOMAS.

Mais où mettent-ils tout ce qu'ils mangent?

THOMPSON.

Et tout ce qu'ils boivent donc! Ah! mylord Essex peut se vanter d'avoir pour vassaux des gaillards altérés! sa cave entière y passera, c'est sûr. Voilà la soixantième barrique de porter, et le cinquantième tonneau de vin de France que j'expédie dans le parc.

THOMAS.

Et moi, je n'ai pas envoyé à ces gloutons moins de mille jambons d'York, mille poitrines de mouton grillées, mille rostbeefs et quatre cents livres de fromage de Chester.

THOMPSON.

Et ils ne sont pas repus!...

THOMAS.

S'il fallait deux fois l'an faire un pareil travail, ce serait à dégoûter du métier de marjordome.

THOMPSON.

Et de celui de sommelier. Et nous ne sommes encore qu'au milieu de la journée!

THOMAS.

Oui, que sera-ce ce soir! (Tarleton entre par la gauche, il a une bouteille à la main et titube légèrement.)

THOMPSON.

Allons bon! qui vient encore? Il a l'air d'avoir son compte celui-là? Ah! c'est ce sac-à-vin de Tarleton... le premier comique de la troupe de William Shakspeare... Quels ivrognes que ces comédiens!

SCÈNE III

Les Mêmes, TARLETON.

TARLETON.

Salut à mylord rostbeef et à mylord du tonneau!...

THOMAS.

L'insolent!... il nous raille je crois! Que voulez-vous?

TARLETON, bégayant.

Figurez-vous que tous mes camarades ne se rappellent plus un mot de leurs rôles... Je viens comme ambassadeur extraordinaire de Shakspeare, notre directeur, chercher une couple de jambons et un panier de vin de France pour leur rafraîchir la mémoire.

THOMAS.

Allez au diable vous et les vôtres, vous n'aurez rien! vous avez eu votre compte et au delà.

TARLETON.

Oh! vous êtes sévère pour les artistes, mylord rostbeef. Je suis bien sûr que mylord du tonneau. (Il lui frappe sur le ventre.) qui est plein d'esprit comprendra...

THOMPSON.

Que vous avez suffisamment perdu le vôtre, et ne donnera pas une bouteille.

TARLETON.

Oh! gentil sommelier!

THOMPSON.

Il n'y a pas de gentil sommelier qui tienne!...

TARLETON.

Mais puisque c'est pour nous rafraîchir la mémoire!

THOMPSON.

Oui, oui, je la connais la mémoire des comédiens!... C'est aussi pour vous rafraîchir la mémoire que vous m'avez vidé cette nuit dix-huit bouteilles de vin de Bourgogne...

TARLETON.

Oh! vous en avez pris votre part, gentil sommelier! à preuve que vous étiez sous la table à la dixième bouteille...

THOMAS, à Thompson.

Vraiment? Ah! maître Thompson!...

THOMPSON.

Ce n'est que trop vrai, hélas! c'est un vrai tonneau des Danaïdes! m'avoir vaincu, moi! la plus forte tête du comté! quel affront!

TARLETON.

Eh bien! voyons, respectable sommelier?...

THOMPSON.

Allez au diable, vous dis-je, vous n'aurez rien!... adressez-vous à mylord Essex... justement le voici... (On entend dans la coulisse les cris de : Vive notre comte!... Vive mylord Essex!

SCÈNE IV

Les Mêmes, LE COMTE D'ESSEX. Il arrive du jardin et se dirige du côté du château.

ESSEX.

Panem et circences! Le Romain avait raison!... Ce peuple ne voulait-il pas me porter en triomphe!...

TARLETON, se jetant à ses genoux.

Monseigneur!

ESSEX.

Qu'y a-t-il, Tarleton?

THOMPSON.

Les comédiens demandent un supplément de vins...

THOMAS.

Et de vivres...

TARLETON.

Oui, monseigneur, pour se rafraîchir la mémoire.

ESSEX.

Eh bien?...

TARLETON.

Eh bien, mylord rostbeef et mylord du tonneau... votre sommelier et votre majordome... veux-je dire, refusent...

ESSEX, l'interrompant.

Donnez à William Shakspeare et à ses camarades tout, ce qu'ils vous demanderont, maître Thompson, et vous aussi maître Thomas.

THOMAS et THOMPSON, s'inclinant.

Monseigneur!... (Fausse sortie.)

THOMAS, bas à Thompson, en s'en allant.

Je vous dis que monseigneur a un faible pour ces histrions!

TARLETON, les arrêtant.

Un instant... vous ajouterez deux paniers de vins à celui que je vous demandais, gentil sommelier, et vous, complaisant majordome, vous ajouterez deux jambons...

THOMPSON et THOMAS.

Comment, vous voulez!...

TARLETON, avec dignité.

Tout ce que nous demanderons... allez et obéissez... ou je double la dose!... Ah! ces valets... quelle clique!... (Il sort par le parc.)

THOMPSON.

Oh! ces comédiens, quels goinfres!... (Il rentre au château.)

ESSEX, riant.

C'est plaisir de les héberger!..

UN DOMESTIQUE, paraissant sur le perron

Par ici, mylord, par ici!...

ESSEX.

Que vois-je? Southampton!

SCÈNE V

ESSEX, SOUTHAMPTON.

ESSEX.

Toi, ici? je crois rêver! La guerre des Pays-Bas est donc terminée?

SOUTHAMPTON.

Non, mais le bruit de ta disgrâce est venu jusqu'à moi... je me suis dit : Robert est malheureux, il doit avoir besoin de moi; j'ai cédé mon commandement et me voici.

ESSEX.

Oh! le meilleur et le plus fidèle des amis!

SOUTHAMPTON.

Je m'attendais à te trouver, nouvel Achille, retiré dans ta tente, sombre, abattu, roulant dans ta tête de sinistres projets, mes pressentiments m'ont trompé, je le vois... Tout respire ici la joie, le plaisir!...

ESSEX, *ironique.*

Oui... je tâche de me distraire... en attendant mieux...

SOUTHAMPTON.

C'est sagement agir. Ça maintenant que je suis rassuré sur l'état de ton âme, instruis-moi, qu'est-il arrivé pour qu'Élisabeth ait pu se résoudre à t'éloigner, toi, le favori de son cœur?... Je me demande quelle faute!...

ESSEX.

La plus grave de toutes à ses yeux! Elle m'a surpris un soir en tête à tête avec Catherine Sidney.

SOUTHAMPTON, *vivement.*

Elle sait que tu l'as épousée secrètement!

ESSEX.

Non, grâce au ciel! Elle ignore notre mariage... mais elle soupçonna naturellement notre amour. Cependant comme elle n'avait aucune preuve réelle contre nous, j'attachai peu d'importance à ses menaces... j'avais compté sans ce maître fourbe, sir Walter Raleigh. Le traître qui ne cherchait qu'une occasion pour me perdre dans l'esprit de la reine, jugea le moment favorable... Aidé du ministre Cécil Bucleigh, il lui fit entendre que j'abusais de ma faveur, que non content de mépriser les charmes de la femme, je faisais encore moins de cas de l'avis de la souveraine. Ils lui persuadèrent que mon traité de paix avec Tyronne, le chef des rebelles d'Irlande, loin d'être un acte de haute politique cachait mes projets ambitieux... La reine, irritée, me retira mon commandement, le donna à mon accusateur, et m'exila dans mes terres pour me séparer de Catherine.

SOUTHAMPTON.

Ainsi, c'est sir Walter Raleigh qui est la véritable cause de ta disgrâce?... Me trompais-je quand je te disais que cet homme était ton mortel ennemi, et qu'il enviait ta puissance et ta faveur.

ESSEX.

Pouvais-je croire que l'homme qui a fait de si grandes choses, le grand capitaine dont la gloire a balancé la mienne, égalé celle de Colomb comme navigateur, surpassé celle de Bacon comme écrivain aspirait à devenir le premier des courtisans?

SOUTHAMPTON.

Nature d'aventurier, avide d'honneurs et d'argent, ennemi né de toute supériorité, capable des plus grandes choses et des plus viles! tel est sir Walter Raleigh... Je n'ai jamais changé sur son compte.

ESSEX.

Je croyais le génie incompatible avec la bassesse, je suis détrompé maintenant, le traître vient de lever le masque depuis mon départ! Nottingham, Hatton, Oxford, ces maîtres en intrigue et en adulation, ne sont que des enfants à côté de Raleigh; il a élevé la flatterie à la hauteur d'un système! Pour mieux captiver Elisabeth, il aspire, dit-on à me remplacer dans son cœur, il affecte de se consumer d'amour pour elle.

SOUTHAMPTON.

Bah! il n'est donc plus amoureux d'Éléonor Trockmorton?

ESSEX.

Affaire terminée depuis longtemps, — on le suppose du moins, — car personne n'en connaît au juste le dénoûment. Mylord Trockmorton ne voyait pas leur union de bon œil, il refusa son consentement, et força sa fille à quitter la cour. Mille bruits courent depuis ce temps, les uns disaient que sir Walter et Éléonor s'aimaient plus que jamais, d'autres vont jusqu'à affirmer qu'un mariage secret les unit aussi. Ce qu'il y a de positif, c'est que sir Walter fait une cour en règle à la reine, il affecte de se consumer d'amour pour elle; il baise avec transports, surtout quand il est sûr d'être vu, les objets qu'elle a touchés! et passe des heures entières à la contempler... à soupirer... enfin Shakspeare n'a pas dans sa troupe de comédien plus accompli...

SOUTHAMPTON.

Mais que pense la reine de cette comédie?

ESSEX.

Elle n'y applaudit pas ouvertement, mais les priviléges dont elle accable son interprète prouvent assez que ces hommages la flattent infiniment.

SCÈNE VI

LES MÊMES, SIR HOWARD.

HOWARD, *entrant précipitamment.*

Vous savez la nouvelle, comte? Que vois-je, mylord Southampton!... (Il le salue.) Vous venez partager nos dangers?

SOUTHAMPTON.

Quels dangers?

ESSEX.

Il n'est pas encore instruit... tout à l'heure... je lui dirai... Parlez, Howard... qu'avez-vous à m'annoncer?

HOWARD.

La reine chasse dans la forêt de Nonsuck, qui touche vos domaines!..

ESSEX.

Si près de moi!

SOUTHAMPTON.

Qu'a-t-il donc?... cette émotion!

HOWARD.

Votre garde-chasse l'y a rencontrée.

ESSEX.

Se douterait-elle?

HOWARD.

Oui, serions-nous trahis!...

SOUTHAMPTON.

Trahis!... que voulez-vous dire...

ESSEX.

Il est temps de parler: cette fête que je donne n'est qu'un prétexte pour dissimuler mes véritables projets, abuser mes ennemis... Apprends qu'une conspiration dont je suis l'âme est organisée, dans le but de forcer Elisabeth d'abdiquer en faveur de Jacques d'Écosse.

SOUTHAMPTON.

Quels projets!... Tu songes à renverser Elisabeth!..

ESSEX.

As-tu pu croire que je laisserais sans vengeance l'affront qu'elle m'a fait?... Demain, si le ciel me protège, elle sera détrônée, et mes ennemis seront sur la terre d'exil.

SOUTHAMPTON.

Prends garde, Robert... D'autres que toi ont aussi fait ce rêve de renverser Élisabeth, et tous ont payé de leur tête...

ESSEX, *l'interrompant.*

Ces autres ne s'appelaient pas Robert d'Essex, et n'avaient ni sa vaillance, ni sa popularité!...

SOUTHAMPTON.

Norfolk et Northumberland étaient vaillants et populaires.

ESSEX.

Moins que moi; puis la reine était jeune alors, c'était encore la grande Élisabeth, tandis que maintenant sur les limites de la vieillesse, rassasiée de gloire et d'honneurs, le temps a émoussé sa volonté et son orgueil! La grande Élisabeth est ridicule à cette heure. Ses actes ne le prouvent-ils pas? A quarante-cinq ans la reine, à l'âge où son sexe en a fini avec les frivolités et les passions, cette vierge de l'occident, comme elle se fait audacieusement appeler, songe à s'émanciper, elle veut plaire, être aimée pour elle-même... platoniquement, il est vrai, mais sans partage; elle exige de ses favoris, une chasteté, une fidélité absolue, en échange de sa faveur!... n'est-ce pas de la démence! Crois-moi, mon ami, le moindre choc suffira pour anéantir sa puissance, qui n'est plus que l'ombre d'elle-même.

SOUTHAMPTON.

A la grâce de Dieu!... Je te suivrai au triomphe comme à la mort.

HOWARD.

Et vous me trouverez toujours à vos côtés, Southampton, car je dois tout au comte, ma fortune et mon rapide avancement à la cour...

ESSEX, *avec embarras.*

Laissons cela, sir Howard... je vous en prie... votre dévouement m'est connu. (A part.) Ah ! puisse-t-il toujours ignorer !... Voici quelques buveurs qui se dirigent de notre côté, ce sont, je crois, les petits nobles du comté, sir Olivier de Saint-John et ses amis ; évitons-les, car leur caquetage n'a rien de bien divertissant.

HOWARD.

Au contraire, ne sont-ils pas appelés à devenir nos auxiliaires ?... Ils ne me connaissent pas ; pendant que le vin a délié leur langue, qu'ils sont en veine de franchise, je vais les jeter sur la politique, afin de savoir le fond de leur pensée sur votre disgrâce. Laissez-moi confesser politiquement ces petits messieurs.

ESSEX, plaisantant.

Savez-vous que vous êtes un profond diplomate, sir Howard ?... Si Jacques arrive au trône, je l'engagerai à vous confier le gouvernement de sa police.

HOWARD, riant.

Eh !... ma foi !...

ESSEX.

Nous vous laissons alors. Viens, Southampton, je vais te présenter à nos amis. (Ils font un grand détour pour arriver au perron.) Prends garde : cette pluie d'orage a littéralement changé en lac cette partie du jardin. (A part.) La reine sur mes terres ?...

SCÈNE VII

SIR HOWARD, SIR OLIVIER DE SAINT-JOHN, VICOMTE BLINDON, SIR HENRY CLARY, LORD BLETZO. (Ils sont suivis par des laquais portant sur des plateaux des verres et des bouteilles. Ils sont un peu gris.)

SAINT-JOHN.

Splendide, admirable, magnifique ! Je ne trouve pas de qualificatif digne de mon admiration !... Le comte d'Essex est non-seulement le premier général de l'Angleterre, c'est encore le plus libéral des grands seigneurs !... Je porte un toast à sa magnificence !...

TOUS.

Oui ! oui ! A mylord Essex !

HOWARD, prenant un verre.

A la fin de son exil, et à son prochain retour à la tête de nos armées !

SAINT-JOHN.

Ce gentilhomme a raison. A la fin de son exil et à son prochain... (Il s'arrête subitement.) Mais de quoi nous mêlons-nous ? Est-il certain d'abord que le comte aspire à la fin de son exil ?... Il a tout l'air de prendre gaiement son malheur... N'est-ce pas votre avis, sir Clary ?...

CLARY.

Complètement.

SAINT-JOHN.

Et le vôtre, vicomte Blindon ?

BLINDON.

Certes !... Exiler dans ses terres un gentilhomme comme mylord Essex est à mon sens une véritable ironie... quand on possède comme lui vingt lieues de terrains boisés, un parc où l'on peut courre le cerf et un château royal.

BLETZO.

J'irai plus loin... je soutiens que l'exiler, c'est lui rendre service !

HOWARD.

Bah !

BLETZO.

N'est-ce pas lui fournir l'occasion de visiter ses propriétés ?

BLINDON.

C'est vrai !...

BLETZO.

Et rendre en même temps service à la contrée. Depuis que le comte est parmi nous, l'âge d'or est revenu pour ses vassaux.

SAINT-JOHN.

Bletzo a raison !... Buvons donc bien plutôt à l'exil éternel du comte !... (A Howard.) Gentilhomme, je vous retourne votre toast comme funeste à tout le monde.

HOWARD.

Alors, à celle qui est cause de votre bonheur, à la reine Elisabeth !

SAINT-JOHN, le regardant.

Il a de l'à-propos, ce gentilhomme ! Gentilhomme ! vous avez de l'à-propos. C'est sir Olivier de Saint-John qui vous le dit ! Seulement, je vois encore un obstacle à votre toast... Nous sommes les hôtes du comte d'Essex et, décemment, nous ne pouvons, avec son vin, boire à la santé de sa mortelle ennemie !...

TOUS.

Il a raison !...

SAINT-JOHN.

Décidément, vous n'avez pas de chance, gentilhomme !

HOWARD.

Alors, messieurs, admettez que je n'ai rien dit. (A part.) Ils ont du moins la reconnaissance de l'estomac !

SAINT-JOHN.

Mais si vous désirez si fortement boire à la santé du comte, les prétextes ne nous manquent pas !... Qui nous empêche de boire à ses conquêtes !... à ses amours !... car jamais homme fût-il plus aimé !

TOUS.

Oui ! oui ! à ses amours !

CLARY.

Puisque vous paraissez si bien informé, Saint-John, faites-nous connaître ces intéressantes victimes, que nous buvions à leurs attraits.

SAINT-JOHN.

A toutes ?... Vous pourriez y laisser votre raison, sir Clary. Permettez-moi de ne citer que les plus célèbres.

HOWARD.

Le chapitre des indiscrétions !

SAINT-JOHN.

Et d'abord, à la plus belle ! à lady Howard. (Il tend son verre à Howard.)

HOWARD, laissant tomber son verre.

J'ai mal entendu ! (Il reste comme pétrifié.)

TOUS.

Qu'a-t-il donc ?...

HOWARD, avançant sur lui, porte la main à la garde de son épée.

Tu mens ! avoue que tu as menti ?

SAINT-JOHN, reculant et l'imitant.

Eh bien ! eh bien !... que vous prend-il ?... (On les sépare.)

HOWARD, se contenant, à part.

Je suis fou ! je ne saurai rien par la violence, et il faut que je sache !... (S'efforçant de sourire.) Pardonnez, messieurs, ma promptitude, mais les Howard sont un peu de ma famille... ce que vous me dites est si surprenant !...

SAINT-JOHN.

Que ne le disiez-vous ? je vous aurais épargné cet aveu, mais puis qu'il est lâché, je ne me rétracte point.

HOWARD, s'efforçant de sourire.

Savez-vous bien, chevalier, que j'aurais quelques droits de vous demander des preuves ?

SAINT-JOHN.

Ah ! ça, mais d'où sortez-vous, gentilhomme ? Il est vrai que cette passion... réciproque, est vieille de trois ans !... C'est déjà de l'histoire ancienne... Mais qui ne sait qu'à la suite d'une orgie où la vertu de lady Howard avait été comparée à une forteresse, forteresse d'autant plus inaccessible qu'elle était gardée par un mari jaloux, le comte paria cent mille livres, qu'il triompherait dans l'espace d'un mois de cette beauté farouche !...

HOWARD, à part.

Quelle révélation !... (A Saint-John.) Et il s'est vanté d'avoir réussi ?...

SAINT-JOHN.

Oh ! dans ce cas, il ne suffit pas de se vanter, il faut des preuves !... Le vingt-huitième jour, tous les témoins du pari, et ils étaient nombreux, purent constater, en le voyant monter nuitamment chez sa conquête, dont le beau visage se dessinait au balcon, que la place s'était rendue... sans conditions !...

HOWARD, à part.

Infamie !... (A Saint-John.) Et le fait remonte à trois ans, dites-vous ?

CLARY.

Oui, pendant que le mari guerroyait en Irlande où le comte l'avait fait envoyer prudemment.

HOWARD, à part.

C'était lui qui m'avait éloigné !... (Aux seigneurs.) Puisque tout le monde a pu voir ce triomphe... Je n'ai rien à répondre, chevalier. Il ne me reste plus qu'à plaindre ce pauvre sir Howard, qui, pendant qu'il défendait l'honneur de son pays, était frustré du sien !

BLINDON.

Bah ! ne le plaignez pas tant !... n'est-ce pas à cet accident qu'il doit sa fortune ?... Car le comte a bien fait les choses, convenez-en...

SAINT-JOHN.

Oui, il comprit qu'il devait un dédommagement à ce pauvre mari, il le fit nommer chambellan, lui fit avoir le privilége des vins doux qui ne rapporte pas moins de cinquante mille livres !... Et il le protége encore ouvertement, dit-on !

HOWARD, riant fébrilement.

L'imbécile ! Et lui qui croit que c'est à son mérite seul qu'il doit cette protection !... (Il rit.)

TOUS, riant.

Ah ! ah !

BLETZO, riant.

Voyons, voyons, messieurs, soyons indulgents pour ces pauvres maris trompés ! songez que nous sommes tous en puissance de femme, et que nul ne peut répondre de son sort !

SAINT-JOHN.

C'est vrai !... (A Howard.) Sans rancune, gentilhomme, je regrette que vous m'ayez forcé de vous raconter ce scandale, car vous en paraissez fort ému !

HOWARD.

Oui, en effet, je suis légèrement troublé.

SAINT-JOHN.

Je comprends. Il en coûte toujours de voir tomber une illusion. Que voulez-vous, c'est la vie !... Je puis compter sur votre discrétion, n'est-il pas vrai ?...

HOWARD.

Ma discrétion ?...

SAINT-JOHN.

Oui ; comme on dit sir Howard très-vindicatif...

HOWARD.

Ah ! s'il apprend jamais la vérité, je crois en effet pouvoir vous affirmer qu'il n'aura ni repos ni trêve que le comte ne soit tombé sous ses coups.

SAINT-JOHN.

Voyez-vous cela ? Les gens qui ont si peu de philosophie ne devraient jamais se marier... Raison de plus pour désirer votre discrétion.

HOWARD, ironique.

Soyez tranquille. Je vous jure que ce secret ne sortira pas de mon cœur !...

SAINT-JOHN.

Allons, eh bien, je pars plus tranquille... Au revoir, gentilhomme, au revoir !... (Il sortent.)

SCÈNE VIII

HOWARD, seul.

Suis-je pas sous l'empire d'un cauchemar ? Ce que je viens d'entendre... l'ai-je réellement entendu ?... Mais alors, comment ne suis-je pas mort de honte ?... Comment le cœur peut-il entendre sans se briser de pareilles confidences !... Il me semble que tout est changé en moi... Oh ! cet homme !... je sens que je le hais à cette heure autant que je l'ai aimé !... Je pourrais le tuer d'un coup, loyalement... mais, je ne serais pas assez vengé !... Non, non, comme il a agi, j'agirai !... La peine du talion !... Il m'a rendu ridicule et vil aux yeux de tous, je veux qu'il tombe à son tour avili et déshonoré sous la main du bourreau ! Oui, comte d'Essex, je te voue dès aujourd'hui une haine à mort, une haine sourde, où tu succomberas fatalement... Tu me trouveras toujours à tes côtés, comme par le passé, pour recevoir tes confidences... mais ce ne sera plus l'amitié qui les entendra, ce sera la vengeance... Tes projets, je les déjouerai... Tes efforts, je les paralyserai... Avant ce soir, la reine connaîtra tous les détails de la conspiration. Sir Walter Raleigh, ton rival, sera l'instrument dont je me servirai pour te perdre !... Quant à vous, lady Howard, lorsque votre beau séducteur sera tombé, nous règlerons nos comptes... en famille...

CRIS au dehors.

Vive la reine !...

HOWARD.

Quels sont ces cris ?... La reine ici ?... qu'elle soit la bienvenue !

SCÈNE IX

ESSEX, entre précipitamment avec SOUTHAMPTON.

ESSEX.

La reine chez moi !

SOUTHAMPTON.

Retour étrange, en effet !

ESSEX.

Elle doit tout savoir. Éloignez-vous, mes amis, et préparez-vous à fuir avec les conjurés ! Je veux que sa colère, du moins, ne frappe que moi !

SOUTHAMPTON.

Nous serons deux à la subir, Robert ! (Il se range à sa droite.)

HOWARD.

Nous serons trois, mylord !

SCÈNE X

LES MÊMES, NOTTINGHAM, RALEIGH, OXFORD, HATTON, Les vassaux entrent aux cris de :

Vive la Reine !...

NOTTINGHAM.

Eh bien ! sir Walter, me trompais-je, quand je vous disais qu'elle l'aimait toujours, qu'elle le rappellerait ?

RALEIGH.

Oui, vous avez été plus clairvoyant que moi, mylord Nottingham.

NOTTINGHAM.

Qu'allez-vous faire à présent ?

RALEIGH.

Continuer avec plus d'ardeur que jamais mon rôle d'amoureux sentimental. Si je reste près d'elle, je ne désespère pas de les brouiller encore une fois !

SCÈNE XI

LES MÊMES, LA REINE, CÉCIL.

ELISABETH, à Cécil.

Vous avez raison, Cécil, s'il l'aime, il sera forcé de se trahir. L'épreuve sera décisive... s'il m'a trompée, malheur à lui !

CÉCIL.

Et dans le cas contraire, je prends la liberté de rappeler d'avance à Votre Majesté que ce n'est pas moi, mais mylord Walsingham, son ministre de la police, qui soupçonne le mariage secret du comte.

ÉLISABETH, apercevant Essex.

Le voici ! Qu'on me laisse seule avec mylord Essex ! (On se retire.)

SCÈNE XII

LA REINE, ESSEX.

ESSEX, un genou en terre.

Que Votre Majesté me pardonne de la recevoir si indignement... j'étais si loin de m'attendre...

ÉLISABETH, avec tendresse et le relevant.

Ingrat !

ESSEX.

Suis-je bien éveillé ?

ÉLISABETH.

Tu restes interdit ?... tu te demandes si c'est bien l'orgueilleuse Élisabeth qui est devant toi ?...

ESSEX.

J'avoue à Votre Majesté que mon étonnement...

ÉLISABETH.

Appelle-moi, Élisabeth, comme autrefois... J'ai déposé ma couronne en entrant chez mon Robert !...

ESSEX.

Eh quoi ?... cet opiniâtre ressentiment...

ÉLISABETH.

Est éteint. Je reconnais que j'ai été injuste et cruelle envers toi. Que veux-tu ?... La jalousie m'aveuglait alors. J'étais convaincue que tu aimais Catherine Sidney, et qu'elle te payait de retour... Trop prompte alors, à prêter l'oreille aux conseils de tes ennemis, je t'ai éloigné ; je croyais te punir, et c'est moi qui me suis punie !... Je suis désabusée à cette heure...

ESSEX, à part.

Est-elle sincère ?...

ÉLILABETH, indifférente.

Pauvre Catherine ! je l'ai bien persécutée !... Mais je réparerai mes torts envers elle... je la doterai (Avec intention.), je la marierai !...

ESSEX, à part.

Ah ! c'est une épreuve ; contenons-nous.

ÉLISABETH, à part.

Il a frémi !

ESSEX, affectant de se calmer.

Excellente et généreuse idée qu'a là Votre Majesté !

ÉLISABETH, le fixant.

Ah ! vous trouvez, comte !

ESSEX, affectant l'indifférence.

Certainement, mais Votre Majesté est-elle sûre que lady Sidney consentira...

ÉLISABETH, le fixant toujours.

A prendre celui que je lui destine... elle serait bien difficile, il est le premier du royaume... après toi ?

ESSEX.

Sir Walter Raleigh !

ÉLISABETH.

Tu l'as nommé... Tu vois que le choix est digne d'elle, et comme j'ai hâte de réparer mes torts... j'entends les fiancer dès ce soir.

ESSEX, à part, et très-vite.

Les fiançailles n'engagent pas, que m'importe ! Demain nous serons libres !

ÉLISABETH, l'observant.

Qu'avez-vous comte ? vous paraissez contrarié !...

ESSEX, indifférent.

Contrarié, non, mais surpris, je l'avoue...

ÉLISABETH.

Comment cela ?

ESSEX, feignant d'être piqué.

C'est que j'avais ouï dire que sir Walter nourrissait en secret une passion profonde pour certaine personne...

ÉLISABETH, avec joie, à part.

Il est jaloux !... Ses ennemis m'en ont imposé, il ne l'aime pas, c'est moi qu'il aime. Ah ! mon cœur est soulagé !... (Minaudant.) Ah ! vous saviez comte, qu'il avait au cœur, une passion...

ESSEX.

Pour une grande dame, une très-grande dame...

ÉLISABETH, l'interrompant, et minaudant.

Je te comprends !... Eh bien, l'on ne t'a pas trompé, sir Walter m'aime en effet... passionnément... je ne sais du reste quel pouvoir ont mes yeux, mais ce qu'ils font de victimes est incroyable ! Tous mes gentilshommes pensionnaires, Nottingham, Hatton, Oxford, ont aussi ressenti leur influence, je ne puis les regarder sans les voir se troubler aussitôt. Mais sir Walter ! c'est une véritable folie !... n'en prends point ombrage... Je n'ai jamais répondu à ses soupirs, et c'est surtout pour me débarrasser de lui, pour forcer son cœur à se détacher de moi en se fixant sur un autre objet, que je veux le marier !

ESSEX, à part.

Et pour nous séparer à jamais ! (Haut.) Cela me paraît prudent.

ÉLISABETH.

Quant à toi, je te rends ma faveur ! et ne redoute plus mes emportements, mes folles jalousies... je suis violente, je le sais, le moindre soupçon me porte ombrage... aussi, pour éviter toutes nouvelles dissensions entre nous, tiens, prends cet anneau...

ESSEX.

Votre anneau royal !

ÉLISABETH.

Oui, il te servira de talisman contre mes ridicules colères. S'il m'arrivait de vouloir encore te bannir de ma présence, sur la seule présentation de cet anneau, je te donne ma parole royale que je te ferai grâce !

ESSEX.

Je ne sais si je dois...

ÉLISABETH.

Prends, te dis-je, je te l'ordonne ! (Elle remonte la scène.) Entrez, mylords !...

SCÈNE XIII

LES MÊMES, LES GENTILSHOMMES.

ÉLISABETH.

Mylords, Robert d'Essex reprendra la lieutenance générale du royaume que nous lui avions injustement enlevée.

SIR WALTER.

Le chapitre des représailles.

HOWARD.

M'échapperait-il ? (Il se dirige vers Essex avec Southampton et lui serre la main. Groupe à part. Élisabeth cause bas à Cécil.

SOUTHAMPTON.

Ah ! je bénis le ciel qui te force à renoncer à cette conspiration.

ESSEX.

Silence ! Elle tient plus que jamais ! son retour n'est qu'un piége ; elle vient me séparer de Catherine !...

SOUTHAMPTON.

Ciel !

HOWARD, à part.

Ah ! je respire ! son sort est toujours entre mes mains !

ÉLISABETH, à Cécil.

On vous avait abusé, Cécil... ce mariage secret était pure invention de ses ennemis.

CÉCIL.

Vous m'en voyez ravi, madame, pour le comte et pour sa toute-puissante protectrice.

ÉLISABETH, à Raleigh.

Sir Walter Raleigh, vous serez notre grand maréchal du palais.

RALEIGH, à part.

Beau dédommagement ! (S'agenouillant.) Contempler le seigneur pendant l'éternité constitue le bonheur des élus : mes nouvelles fonctions m'assurant à chaque instant du jour la vue de ma souveraine, je n'ai rien à envier aux bienheureux !...

CÉCIL.

Quelle audace! Favori pour favori, je préfère encore le comte. Qui sait où celui-là s'arrêterait!

NOTTINGHAM.

Sir Walter est invincible. Au fond il doit être furieux.

ESSEX, passant devant Catherine.

Trouvez-vous tout à l'heure dans le salon de la reine?

CATHERINE.

J'y serai!...

ÉLISABETH, à Essex.

Comte, ce joli pavillon, que vous avez fait construire sur le modèle de celui que j'habite à Withe-Hall, existe-t-il toujours?...

ESSEX.

Personne n'en a foulé le sol depuis votre départ, madame...

ÉLISABETH.

Je veux m'y reposer... mieux encore l'habiter pendant ces quelques jours que dureront vos fêtes. — Lady Howard, faites y porter mes nouvelles toilettes, et vous, ma chère Catherine ne vous éloignez pas, j'ai à vous entretenir. Votre main, comte... (Essex lui donne la main; il se dirige vers le château et sont arrêtés par la flaque d'eau.)

ESSEX, avec empressement.

Ciel! mes gens ont négligé de combler cette mare... Holà! du sable, de la terre, où plutôt mes plus riches tapis!... Que Votre Majesté daigne attendre une seconde seulement.

SIR RALEIGH, s'avançant.

Pardon, mylord, la reine d'Angleterre ne peut, ni ne doit attendre! (Il dégrafe son riche manteau et l'étend sous les pieds de la reine. Essex et lui se toisent, tout le monde applaudit.)

NOTTINGHAM.

C'est un trait de génie!

OXFORD.

Décidément, messieurs, sir Walter est notre maître à tous!

HATTON.

Sans contredit, je donnerais mon comté d'Hatton pour avoir eu cette idée!

ESSEX, à part avec dédain.

Jouis de ton reste, histrion!

ÉLISABETH.

Ah! pourquoi Robert, n'a-t-il pas eu cette inspiration, (Minaudant.) Quelle folie, sir Walter, un si riche manteau!

WALTER.

Trop pauvre encore pour mériter l'insigne honneur d'être foulé par le pied de déesse de Votre Majesté!

NOTTINGHAM.

Dites-donc, Oxford, comment trouvez-vous le pied de déesse?

ÉLISABETH, hésitant.

Allons, résignons-nous! (Elle passe. Essex veut y passer à son tour, sir Walter l'arrête et relève son manteau.)

ESSEX.

Qu'est-ce à dire, sir Walter?... Est-ce une insulte?

SIR WALTER, souriant.

Nullement, comte. Mais j'ai l'intention, pour rendre ineffaçable sur ce manteau, l'empreinte des pas de Sa Majesté, de l'ensevelir sous l'or et les pierreries... Vous devez comprendre qu'il ne peut être foulé par un pied... mortel.

ESSEX.

Nous nous retrouverons, sir Walter!

WALTER

Je l'espère bien, comte... (Essex passe fièrement.)

ÉLISABETH, sur le perron.

Ils sont jaloux l'un de l'autre?... Voyons messieurs, pas de querelles! (A Essex.) Excusez-le, Robert, le pauvre garçon n'a pas toute sa raison! (A sir Walter.) Venez me trouver dans un heure, sir Walter, nous nous occuperons de votre bonheur!

WALTER, à part.

Que veut-elle dire?... (Haut.) Mon bonheur, grande reine! Ah! il n'est plus pour moi que dans la contemplation de ce manteau!... (Il le baise avec transport. — Tout le monde sort pendant qu'il parle.) Oui, chère et précieuse relique! Tous les trésors du nouveau monde ne sauraient payer à cette heure le prix que j'attache à ta possession... La mort seule nous séparera. (Avec enthousiasme et contemplant toujours le manteau.) Que dis-je! la mort?... elle n'aura même pas ce pouvoir. Quand mes yeux se fermeront à la lumière, c'est dans tes plis sacrés, foulés par la plus belle et la plus gracieuse des reines, que mon corps reposera pour l'éternité. (Il se retourne brusquement croyant trouver la reine). Oui, grande reine!... (Il se voit seul et reste désappointé.) Comment, elle est partie? Oh! c'est dommage!... un si beau mouvement d'éloquence!... Bah! je trouverai bien l'occasion de le replacer!...(Il sort.)

ACTE DEUXIÈME

Riche boudoir de la reine au château d'Essex, copié sur celui de son palais de Withe-Hall — Bibliothèque, clavecin, etc. Chambre de la reine à gauche.

SCÈNE PREMIÈRE

ESSEX, seul.

Il se promène avec agitation.

Catherine tarde bien à venir! pourvu que la reine ne lui parle pas avant moi de ce mariage! On ouvre! c'est elle! Dieu soit loué!

SCÈNE II

ESSEX, CATHERINE.

CATHERINE, se jetant dans ses bras.

Robert!

ESSEX.

Chère Catherine!

CATHERINE.

Enfin, je te revois! ah! je ne l'espérais plus!... Quand donc finira cette vie de contrainte et de dissimulation! quand pourrai-je t'aimer sans crainte, et devant tous te nommer mon époux!

ESSEX.

Bientôt! mais les moments sont précieux, réponds-moi? la reine t'a-t-elle parlé de certains projets?

CATHERINE.

Quels projets?

ESSEX.

Ton étonnement me rassure... Écoute, enfant, un grand danger nous menace! notre salut dépend de ton courage.

CATHERINE.

Notre salut?

ESSEX.

Oui, la reine soupçonne notre mariage; ce n'est que pour éclaircir des soupçons, pour nous forcer à nous trahir qu'elle revient vers moi.

CATHERINE.

Qu'a-t-elle donc résolu?

ESSEX.

Elle veut te marier!

CATHERINE.

Ciel! et à qui?

ESSEX.

A mon rival, sir Walter Raleigh.

CATHERINE.

Mais nous sommes perdus, alors!

ESSEX.

Non! si tu as du courage, et si tu exécutes fidèlement mes ordres.

CATHERINE.

Oh! parle, parle vite!

ESSEX.

La dissimulation répugne à ta généreuse nature comme à la mienne, mais il faut nous y résoudre. Quand la reine t'ordonnera de prendre Sir Walter pour époux, contiens-toi et feins de te résigner.

CATHERINE.

Oh! c'est mettre mon âme à une trop rude épreuve. Moi ta femme, affecter... C'est un sacrilège! jamais je n'aurai ce courage.

ESSEX.

Vous l'aurez Catherine! car je vous le répète, il y va de notre salut!

CATHERINE.

Je te comprends. Tu espères que ma résignation abusera la reine et la fera renoncer à l'exécution de son projet?

ESSEX.

Je mentirais, Catherine, en vous disant que j'ai cet espoir.

CATHERINE.

Qu'espères-tu donc alors?... Attendras-tu que je sois à l'autel pour venir m'en arracher?

ESSEX.

Rassure-toi! j'y mettrai bon ordre! L'intention de la reine est de vous fiancer ce soir devant toute la cour, mais la cérémonie du mariage ne doit avoir lieu que dans quelques jours, et comme demain elle ne sera plus à craindre...

CATHERINE.

Que veux-tu dire? Robert, tu trames quelque complot contre la reine!

ESSEX.

Pourquoi me tairais-je? n'es-tu pas la première intéressée à la chute de notre ennemie? Oui, ton cœur a deviné ce que je voulais te cacher. Demain ce bras aura fait choir de son trône cette reine despotique et jalouse, demain elle apprendra par ma bouche que j'appartiens à une autre, et que lorsqu'elle me condamnait à subir ses caprices, ma pensée, mon âme étaient auprès de Catherine Sidney!

CATHERINE.

Oh! ne fais pas cela, malheureux! elle te tuerait!

ESSEX.

Non, je te l'ai dit, elle ne sera plus à craindre.

CATHERINE.

Mais si tu échoues?

ESSEX.

Impossible! le peuple et les nobles mécontents sont pour moi.

CATHERINE.

Mais s'ils t'abandonnent? Tiens, Robert, quelque chose me dit que cette conspiration te sera fatale, renonces-y!

ESSEX.

Enfant! ce que tu me demandes est impossible; si demain notre ennemie n'est pas tombée, c'est nous qui tombons!

CATHERINE.

C'est vrai! des deux côtés ta vie est menacée, un seul moyen de salut nous reste, il faut fuir, Robert!

ESSEX.

Fuir!

CATHERINE.

Nous avons quelques heures à nous, c'est plus qu'il ne nous en faut pour quitter l'Angleterre; nous irons en France, en Italie, dans quelque contrée où nous serons à l'abri de sa colère.

ESSEX, avec douceur.

Enfant!

CATHERINE.

Ton amour est tout pour moi, m'as tu dit souvent, viens Robert, fuyons, renonce à ce projet téméraire, je te le demande à genoux!

ESSEX, la relevant.

Il est trop tard!

CATHERINE, avec douleur.

Ah! tu ne m'aimes pas!

ESSEX, avec tendresse.

Mais si, je t'aime, tu es ce que j'ai de plus cher au monde mais l'honneur me retient ici! Puis, que ferais-je chez l'étranger? de même que les plantes transplantées perdent leur parfums et leurs couleurs, le prestige qui nous entoure, nous autres grands du monde, ce prestige émanant de nos grandes actions et qui est en quelque sorte l'atmosphère de notre âme, s'évanouit quand nous quittons le sol de la patrie, et je ne puis vivre sans prestige : je mourrais sur la terre étrangère!

CATHERINE.

Ne serais-je pas là pour te consoler, te rappeler la patrie absente?

ESSEX.

Le repos n'est pas fait pour Robert Essex! la gloire est son but! la lutte son élément!... Oui, elle est aussi nécessaire à ma vie que le soleil l'est à notre globe! Comme l'aigle, je ne puis vivre que sur le sommets, dans la région des orages! il faut que je sente au-dessous de moi, tout ce qui s'agite, tout ce qui pense! Oh! je suis né pour être roi! je le sens à mon orgueil.

CATHERINE.

Ton ambition te perdra, Robert!

ESSEX.

Ou m'élèvera! Espère, enfant! une brillante destinée t'es réservée si mes projets réussissent, la vice-royauté d'Irlande sera ma récompense, demain peut être tu seras reine!

CATHERINE.

Ou veuve!

SCÈNE III

Les Mêmes, LADY HOWARD.

LADY HOWARD.

La reine vous demande, lady Sidney.

CATHERINE.

Ciel!

ESSEX.

Lady Howard! Se douterait-elle? (A Catherine.) Allez! et du courage!

CATHERINE, passant devant lady Howard.

Je vous remercie, madame!

SCÈNE IV

LADY HOWARD, ESSEX.

ESSEX.

Eh quoi! vous saviez donc?

LADY HOWARD.

Oui, mylord, j'ai tout deviné, je veillais sur elle... et sur vous.

ESSEX.

Oh! milady! tant de générosité!...

LADY HOWARD.

En vous ordonnant de me fuir, ne vous ai-je pas dit que je voulais être pour vous une amie, une sœur dévouée ; je tiens ma promesse!

ESSEX.

Pauvre femme! si elle savait combien j'ai été coupable envers elle!

LADY HOWARD, regardant.

Soyez prudent, mylord ; car la reine aussi veille! (Elle aperçoit sir Howard et Southampton qui entrent par le fond.) Silence! mon mari!...

SCÈNE V

Les Mêmes, HOWARD, SOUTHAMPTON.

HOWARD, à part.

Seul avec elle!... Que pouvaient-ils se dire?

SOUTHAMPTON.

Eh bien! Robert, nos amis t'attendent?..

HOWARD.

Oui... avec impatience... j'ajouterai...

ESSEX.

Je suis à vous, mes amis... Je demandais à lady Howard quelques renseignements...

HOWARD.

Que milady s'est empressée de vous donner, je n'en doute pas. Ah' vous pouvez vous flatter, mylord, d'avoir dans ma femme une auxiliaire...

LADY HOWARD.

Mon dévouement s'efforce d'être à la hauteur du vôtre...

HOWARD.

Et votre âme généreuse arrive naturellement à me surpasser; je suis fier de le constater devant le comte... après ce qu'il a fait pour nous...

ESSEX.

De grâce, sir Howard...

HOWARD.

Oh! votre modestie égale, je le sais, votre grandeur d'âme, mais vous aurez beau faire, mylord, vous ne vous déroberez pas à ma reconnaissance! Je vous poursuivrai de mes louanges comme vous m'avez poursuivi de vos bienfaits. (Criant.) Ce sera votre châtiment!

ESSEX, à part.

Il ne sait pas combien il dit vrai!

LADY HOWARD, regardant son mari.

Je ne l'ai jamais vu si expansif!

SOUTHAMPTON.

Seriez-vous devenu courtisan, sir Howard!

HOWARD, riant.

Oh! mylord! je dirais donc le contraire de ce que je pense?

ESSEX.

Vous êtes en belle humeur ce matin, sir Howard! Mais parler du diable le fait venir, le proverbe dit vrai. Vous avez évoqué les courtisans, voici leur monarque qui s'avance!

HOWARD, à part.

Sir Walter! Il vient à propos.

ESSEX.

Cédons-lui la place; allons rejoindre nos amis. (A lady Howard, bas.) Au revoir, madame... ma sœur!...

HOWARD.

Il lui a parlé bas. Quelle audace! (Southampton, Howard sortent par la droite.)

ESSEX, à Southampton.

Sir Walter Raleigh a l'air abattu, contre sa coutume. S'il savait le sort qui l'attend demain!...

HOWARD, à part, regardant Raleigh.

Il est seul, je reviendrai. (Il suit Essex.)

SCÈNE VI

RALEIGH, seul. Il est absorbé et s'arrête devant la rampe.

« Venez, nous nous occuperons de votre bonheur. » Qu'a-t-elle voulu dire?... Serait-elle enfin disposée à m'accorder les vaisseaux et l'argent que je sollicite depuis deux ans pour mon expédition au Pôle!..... Maintenant qu'elle est retournée à son Essex, elle doit tenir à se débarrasser de moi... Ah! je n'ose y croire!... avec quelle joie, quel enthousiasme je quitterais cette cour où mon génie s'atrophie, et ce rôle d'amoureux transi qui m'avilit... et qui n'est pas sans danger... Si elle apprenait que je suis marié!... marié secrètement, il est vrai, mais légitimement, il pourrait m'en coûter cher!..... En être réduit à faire le troubadour aux pieds d'une vieille coquette, moi! qui ne rêve que conquête et découverte!... Enfin, puisqu'elle ne protège que ses favoris, il est tout naturel que je cherche à le devenir... (Avec enthousiasme.) Ah! qu'elle m'accorde cette flotte tant désirée, et l'on verra où je les conduirai!... Ce n'est plus d'une île sauvage comme la Virginie que je doterai l'Angleterre, mais d'une contrée enchanteresse où l'or remplace les cailloux du chemin; l'émeraude et le saphir, le roc des montagnes! Non, ce n'est pas un rêve, tu dois exister, tu existes!... pays de l'or, féerique Eldorado! Et dire, que si le comte n'avait pas circonvenu la reine, s'il n'avait pas traité mes projets de chimères, ce nouveau monde serait découvert à cette heure!... Oh! cet homme, cet homme!... jamais je ne lui pardonnerai le temps qu'il m'a fait perdre!... la gloire et les richesses qu'il m'a volées! On vient, reprends ton masque, histrion!... Sir Howard! l'ami du comte? Évitons-le... (Fausse sortie).

SCÈNE VII

RALEIGH, HOWARD.

HOWARD, l'arrêtant.

Deux mots, chevalier!

RALEIGH.

Je vous écoute.

HOWARD.

Les jours de la reine et les vôtres sont menacés.

RALEIGH.

Comment?

HOWARD.

Demain, la reine doit être enlevée par le comte d'Essex et ses complices. Quant à vous, votre exil perpétuel est décrété d'avance.

RALEIGH.

Mon exil?... Si c'est une plaisanterie, sir Howard, permettez-moi de la trouver... sinistre.

HOWARD.

Je parle sérieusement.

RALEIGH.

Ah!... et c'est vous, l'ami du comte, qui venez m'annoncer ces... bonnes nouvelles.

HOWARD, lui prenant la main.

Son ami!... si l'amitié consiste à souhaiter à celui qu'on aime les plus affreuses tortures en ce monde, et les tourments de l'enfer dans l'autre... vous avez raison, je l'aime!... Je suis... son meilleur ami!

RALEIGH, à part.

Oh! le terrible regard! ah! je comprends!... il aura découvert sa catastrophe conjugale... (A Howard.) Vous savez donc...

HOWARD.

Oui! et j'ai soif de vengeance!

RALEIGH.

Ah! vous m'en direz tant! Nous pouvons nous entendre alors! Un dernier mot : je ne m'explique pas, je l'avoue, le but de cette conspiration, puisqu'il est plus en faveur que jamais!

HOWARD.

Erreur! le retour de la reine le sépare à jamais de Catherine, il ne peut accepter sa faveur.

RALEIGH.

Il l'aime donc!

HOWARD.

Mieux que cela, ils sont unis secrètement.

RALEIGH.

Comment! ce mariage est donc une réalité?

HOWARD.

Oui.

RALEIGH.

Ah! je comprends son embarras... Un mot encore... Pourquoi me dites-vous cela à moi et non à la reine?

HOWARD.

Parce que la reine l'aime et chercherait à le sauver malgré tout; tandis que vous avez intérêt à le perdre. D'ailleurs, il est nécessaire à mes projets que je reste son confident. Au pied de l'échafaud, quand il ne pourra plus m'échapper; là seulement, je lèverai le masque!...

RALEIGH.

Quel raffinement ! Ah ! vive les maris jaloux pour combiner et savourer leur vengeance !

HOWARD.

Jusque-là, en reconnaissance du service que je vous rends, je n'exige de votre honneur que le silence.

RALEIGH.

Vous pouvez compter sur moi.

HOWARD.

J'y compte... Je vous quitte, car il importe qu'on ne nous voie pas ensemble.

SCÈNE VIII

RALEIGH, seul, il s'assied.

Eh bien ! voilà ce que l'on peut appeler un coup de la Providence ! Seulement cela fait plus que mon compte ! je veux bien la chute de mon rival, mais non sa mort ; au fond, je l'estime cet homme ! je l'admire même ! et c'est à la mort qu'il court en conspirant contre Elisabeth ! Notre gracieuse souveraine ne plaisante pas quand on touche à son autorité !... Bah ! elle lui pardonnera encore... comme toujours. Jamais, quoiqu'il fasse, elle ne consentira à faire tomber si jeune et si noble tête ! elle en est trop éprise ! elle l'exilera, l'emprisonnera peut-être pour quelque temps... et le rappellera ! Je serais bien sot de ne pas profiter de l'occasion qu'il me fournit !... Il n'a pas de scrupules, lui... Mon exil est signé d'avance... Laissons-le donc s'enferrer et ne songeons qu'à sauvegarder les jours de la reine... Voyons, réfléchissons... (Il va à la fenêtre et s'absorbe, les gentilshommes pensionnaires entrent sans le voir et sans être vus de lui.)

SCÈNE IX

OXFORD, NOTTINGHAM, HATTON, entrent par le fond, sans voir Raleigh.

OXFORD.

Illusion complète !

NOTTINGHAM.

Oui, on se croirait à Withe-Hall, dans les appartements de la reine !

HATTON.

Le comte n'a rien oublié, pas même son épinette !

OXFORD.

Ni sa bibliothèque ! car notre gracieuse reine travaillait en ce temps ; elle n'était amoureuse... que des héros de l'antiquité.

HATTON.

Oui, les arts, les sciences et la politique tenaient alors la première place dans sa vie !

NOTTINGHAM.

Et le métier de gentilhomme pensionnaire n'était pas aussi difficile.

OXFORD.

Quel changement !

NOTTINGHAM.

Oui, l'esprit a baissé.

OXFORD.

Comme les appas !

HATTON.

Ah ! charmant, charmant ! Je donnerais mon comté d'Hatton pour avoir trouvé ce joli trait !

NOTTINGHAM.

Enfin ! quelques jours encore et nous serons libres.

RALEIGH, sortant de sa rêverie.

Allons d'abord prendre nos mesures pour sauvegarder les jours de la reine. (Il se retourne.) Tiens, mes élèves !

HATTON.

Alors c'est décidé, nous nous retirons de la cour.

RALEIGH.

Que disent-ils ? comment vous vous retirez ?

OXFORD.

Tiens ! vous étiez là, sir Walter ?

NOTTINGHAM.

Le comte est naturellement notre ennemi ; le voilà redevenu tout-puissant, nous préviendrons notre disgrâce.

RALEIGH.

Et vous avez tort selon moi, messieurs, la reine se passera difficilement d'admirateurs tels que vous ! Quant à la faveur du comte d'Essex, elle ne doit pas vous inquiéter : les unions durables sont fondées sur les contrastes, or, le comte est emporté et orgueilleux, la reine despote et violente, je doute que la bonne harmonie règne longtemps dans le ménage : croyez-en mes pressentiments.

NOTTINGHAM.

C'est possible. Mais j'ai tant répété à notre gracieuse souveraine de quarante-cinq ans, qu'elle est la plus jeune, la plus belle, la plus spirituelle des femmes de son royaume, que j'hésite à recommencer.

OXFORD.

C'est comme moi ; j'ai épuisé toutes les épithètes flatteuses et admiratives, je crois qu'il est sage de me retirer.

RALEIGH.

Crainte puérile, messieurs ; un courtisan a le droit d'être banal impunément. D'ailleurs n'avez-vous pas une excuse toute naturelle ; la pauvreté de la langue, l'adulation est comme la musique, un art de nuances ; elle repose bien plus sur la variété des formules que sur le fond. Vous êtes fatigués de louer en prose ? faites comme moi, dites la même chose en vers, et votre louange reprendra, sous la rime les couleurs de la jeunesse !

OXFORD.

Comment, sir Walter vous parlez le langage des Dieux !

RALEIGH.

Oh ! c'en est plutôt le patois, mais la poésie est bonne fille et permet toutes les licences. Tenez, voulez-vous que je vous dise ma dernière platitude ?

HATTON.

Je serai curieux de l'entendre.

NOTTINGHAM.

Pas plus que moi.

RALEIGH.

Écoutez-donc : Énigme ; c'est une énigme.

OXFORD.

Qui se laisse deviner.

RALEIGH

Bien entendu. Première strophe :

Amis, vous me pressez en vain
De vous nommer l'objet pour lequel je soupire,
Si je vous le disais, mon mal deviendrait pire,
Il m'attirerait son dédain.

OXFORD.

Eh ! eh ! pas mal, vraiment !

RALEIGH.

N'est-ce pas ? on sent sous ces rimes une violente passion... concentrée !

NOTTINGHAM.

Oh ! des plus concentrées !

RALEIGH.

Deuxième strophe :

Qu'il vous suffise de savoir
Que sa haute sagesse égale sa puissance.
Minerve...

Il s'arrête.

Voyez-vous, règle générale, quand vous sentez que la terre manque sous vos pieds, que l'expression vous fait défaut, filez dans l'Olympe et cramponnez-vous aux déesses. Oh ! la déesse, quelle ancre de miséricorde pour le flatteur aux abois ! Mais continuons ! où étais-je ?

OXFORD.

Dans l'Olympe!

HATTON.

Avec Minerve!

RALEIGH.

Ah! oui! je me souviens : j'y regrimpe...

Il lit en scandant.

Qu'il vous suffise de savoir
Que sa haute sagesse égale sa puisssance
Minerve lui fit don de l'une à sa naissance,
L'autre est le prix de son savoir.

NOTTINGHAM.

Oh! délicieux! délicieux!

OXFORD.

Ce Raleigh fait ce qu'il veut!

HATTON.

Pour avoir fait ces vers, je donnerais...

OXFORD.

Votre comté d'Hatton, nous le savons! Morbleu! donnez-le donc une bonne fois et n'en parlons plus!

HATTON.

Mais si je l'avais encore, est-ce que je l'offrirais si souvent?

OXFORD.

Comment? vous ne l'avez plus!

HATTON.

Hélas, non! il ne m'en restait plus qu'une tourelle, mes créanciers me l'ont mangée!

NOTTINGHAM.

Que ne le disiez-vous! Continuez sir, Walter, continuez!

RALEIGH.

Troisième et dernière strophe. C'est le bouquet. (Il lit.)

Enfin, pour achever d'un trait
Son caractère et son portrait,
Elle a de Junon... la noblesse!

TOUS.

C'est juste!

RALEIGH, lisant.

D'Hébé... l'éternelle jeunesse!

OXFORD.

Aïe! c'est moins juste.

RALEIGH, lisant.

De Vénus, l'air et la beauté...

NOTTINGHAM, avec grimace.

Ça se gâte!

OXFORD.

Oui, c'est le patois qui commence.

RALEIGH, sans s'émouvoir.

Et de Diane...

OXFORD.

L'aurait-il osé? (Tous restent bouche béante et stupéfaits.)

HATTON.

Et de Diane?...

RALEIGH, hypocritement.

La chasteté!

Tous prennent des poses de stupéfaction comique. Avec exclamation :

OXFORD.

Eh! bien, vous avez raison, sir Walter, c'est le bouquet!

RALEIGH, sérieux.

N'est-ce pas? ce dernier trait est comme la synthèse des strophes précédentes.

OXFORD.

Trop de synthèse, à mon sens.

RALEIGH.

Ne l'appelle-t-on pas la reine... vierge?

NOTTINGHAM.

Sans doute, le peuple lui a donné ce nom parce qu'elle a toujours refusé de prendre un époux, mais... entre nous...

HATTON.

Oui, ce sont de ces vérités qui ne gagneraient pas à être discutées.

OXFORD.

Je crois en effet qu'il serait prudent de ne pas lever ce... lièvre là.

RALEIGH.

Bah! vous manquez d'audace, messieurs, et puis... faut-il vous l'avouer? beauté... chasteté... la rime était si riche!...

OXFORD.

Ah! du moment que c'est une affaire de rimes...

RALEIGH.

Simple licence poétique, messieurs, simple licence poétique!...

UN HUISSIER.

La reine!

RALEIGH.

Et les ordres que j'ai à donner! Je vous quitte, messieurs; si la reine me demandait, dans dix minutes je suis de retour!... (Il sort.)

SCÈNE X

LES MÊMES, LA REINE, CÉCIL.

Quand elle entre, Oxford et les autres prennent des poses admiratives. La reine causant à Cécil va s'asseoir à droite.

OXFORD.

Elle ne nous a pas même regardés.

NOTTINGHAM.

Mauvais signe!

HATTON.

Oui. Notre règne est prêt de finir. (Ils causent bas.)

ÉLISABETH, à Cécil.

Vous attendiez-vous à tant de résignation de la part de Catherine, mylord?

CÉCIL.

Dame! son attitude ferait supposer que sir Walter ne lui est pas indifférent.

ÉLISABETH.

Ah! ces jeunes filles!

CÉCIL.

Oui, on croit qu'elles regardent à gauche et c'est à droite qu'elles ont les yeux.

ÉLISABETH, ironique.

Après cela, croyez-vous encore à ce mariage secret?...

CÉCIL.

Le doute n'est plus permis, j'en conviens ; les agents de Walsingham l'auront trompé...

ÉLISABETH.

Sans aucun doute. Ah! décidément il vieillit, mon pauvre Walsingham; il n'eut pas fait cette faute autrefois!

CÉCIL.

Excepté Votre Majesté, qui semble avoir fait un pacte avec le temps, nous vieillissons tous.

ÉLISABETH.

Quand je songe que j'ai failli battre cette pauvre Catherine et envoyer Robert à la Tour! Mais ne songeons plus à cela, il s'agit maintenant de prévenir sir Walter Raleigh. Va-t-il être surpris!

CÉCIL.

Dites affligé, madame, car tout le monde sait qu'il a voué à Votre Majesté un culte!

ÉLISABETH.

Oui, le retour d'Essex doit l'avoir bouleversé, il y aurait cruauté de ma part à prolonger son supplice, rien n'est dangereux comme ces passions concentrées... Son esprit finirait par s'altérer et celui de Raleigh est de trop bonne essence pour que je ne tienne pas à le conserver. Mais où est-il? je ne le vois point, je lui avais pourtant dit de se rendre ici.

CÉCIL.

Prévenez sir Walter que Sa Majesté désire lui parler.

SCÈNE XI

LES MÊMES, ESSEX, SOUTHAMPTON, HOWARD.

LA REINE.

Ah! vous voilà, comte, arrivez donc! votre place est à nos côtés pendant que nous sommes votre hôte.

ESSEX.

Je donnais quelques ordres pour la fête...

ÉLISABETH.

C'est bien, je vous pardonne : surtout, ne ménagez rien, je veux que ces fiançailles soient brillantes.

ESSEX, souriant.

Ah! c'est décidément ce soir...

ÉLISABETH.

Oui, Catherine est prévenue et a paru fort enchantée.

ESSEX.

Cela ne m'étonne pas. Je crois pouvoir affirmer à Votre Majesté qu'on parlera longtemps de cette fête.

ÉLISABETH.

Le programme?

ESSEX.

Souper, bal et comédie.

ÉLISABETH.

Vous avez des danseurs?

ESSEX.

Les meilleurs de l'Italie, puis après, Shakspeare et sa troupe dans un drame nouveau... *Hamlet.*

ÉLISABETH.

Ah ça! il a donc réellement quelque mérite, ce fils de cardeur de laine.

ESSEX.

Je le crois appelé à devenir l'Euripide de l'Angleterre. Du reste, Votre Majesté le jugera ce soir, il est l'ordonnateur de la fête.

ÉLISABETH.

Vous me donnez envie de le voir. Faites-le venir.

ESSEX.

Votre Majesté va au-devant de mes désirs, j'avais l'intention de le lui présenter... Faites entrer William Shakspeare.

SCÈNE XII

LES MÊMES, SHAKSPEARE.

ÉLISABETH.

Approchez. (Shakspeare met un genou en terre. L'examinant.) La tête est fière, l'œil illuminé, l'allure libre mais non commune, si l'esprit correspond à l'enveloppe... Relevez-vous. Mylord Essex m'a beaucoup parlé de vous, il vous trouve du talent.

SHAKSPEARE.

Le comte a en effet daigné encourager mes efforts, madame.

ÉLISABETH.

Vos acteurs sont-ils bons?

SHAKSPEARE.

Burbage et Tarleton plairont, je le crois, à Votre Majesté, le public a surnommé le premier le pathétique, et le second le bouffon.

ÉLISABETH.

Et vos actrices?

SHAKSPEARE.

Votre Majesté veut dire les acteurs qui les remplacent? je regrette de ne pouvoir faire aussi leur éloge. A part Condel qui joue l'emploi des reines-mères avec assez de naturel, je suis loin d'être aussi satisfait des autres; la grâce de la démarche et la voix féminine sont si difficiles à acquérir...

ÉLISABETH.

Pourquoi ne prenez-vous pas des femmes?

SHAKSPEARE.

Je suis heureux de me trouver en communion d'idée avec ma souveraine : je m'occupe eu ce moment de cette importante innovation.

ÉLISABETH, à Essex.

Ce jeune homme a du moins un mérite incontestable... Il paraît connaître à fond son métier et s'en occupe... il mérite qu'on s'intéresse à lui. (A Shakspeare.) Allez et travaillez Shakspeare, mon règne est fécond en grands capitaines et navigateur et en philosophes. La place est vacante pour un Eschyle ou un Euripide, si notre protection suffit pour le faire éclore, elle vous est acquise!

SHAKSPEARE, avec déférence, et sur le ton du compliment et non du commandement.

Les souverains font les grands poëtes comme les grands capitaines, madame; n'ont-ils pas entre leurs mains le mobile de l'inspiration?

ÉLISABETH.

La première condition d'une métaphore est d'être intelligible... Quel est donc, à votre sens, le mobile de l'inspiration? La puissance?

SHAKSPEARE, spirituellement et avec politesse.

Non madame... la liberté!...

ÉLISABETH, à Essex.

Ah! ces poëtes!... ils tremblent toujours pour leurs ailes!... (A Shakspeare.) Planez en liberté, dans les sphères de l'idéal et de la fantaisie, Shakspeare... loin d'arrêter votre vol, nous applaudirons à ses audaces. (Elle le congédie d'un geste protecteur; Shakspeare embrasse la main d'Essex et sort par le fond. Raleigh entre par la droite.)

ÉLISABETH.

Ah! voilà sir Walter!

SCÈNE XIII

LES MÊMES, RALEIGH.

RALEIGH, à part.

Mes dispositions sont prises, le comte peut agir maintenant. (Il prend un visage de componction, et s'approchant de la reine.) Sachons ce qu'elle me veut. (Il s'avance et salue la reine Élisabeth.)

ÉLISABETH.

Quelle mélancolie dans ses traits!

ESSEX, ironique.

Il vous aime tant!

ÉLISABETH.

Oui, on voit que la jalousie le mine; le pauvre garçon va bien souffrir, mais dans son intérêt, je serai inébranlable. Robert laissez-moi seul avec lui. (Elle lui tend sa main qu'il baise. Tout le monde se retire.)

ESSEX, à part

Jouez en liberté votre comédie, je me charge du dénoûment. (Il sort et tout le monde.)

SCÈNE XIV

LA REINE, RALEIGH.

ÉLISABETH.

Asseyez-vous, sir Walter, et écoutez-moi.

RALEIGH.

Ce ton doucereux... Elle a quelque sacrifice à me demander.

ÉLISABETH.

Je vous ai dit, sir Walter, que je voulais m'occuper de votre bonheur.

RALEIGH.

Je n'ignore pas, madame, l'intérêt que vous portez à votre fidèle sujet, mais je ne me suis pas plaint, que je sache, et vous me permettrez d'être surpris...

ÉLISABETH.

Non, vous ne vous plaignez point, je me plais à le reconnaître, mais vous cherchez en vain à m'abuser ; vous souffrez en silence; un mal, un mal terrible ronge votre âme.

RALEIGH, feignant le trouble.

Eh quoi! Votre Majesté s'est aperçue...

ÉLISABETH.

De vos souffrances? oui! et j'ai résolu d'entreprendre votre guérison.

RALEIGH.

Mon mal est incurable, madame, je ne me fais pas d'illusion.

ÉLISABETH.

Non, non, le cœur seul chez vous est malade.

RALEIGH, soupirant.

Oui, c'est le cœur! et je n'ignore pas que quand il est atteint le malade est perdu!

ÉLISABETH.

S'il persiste à ne pas vouloir se soigner, mais je réponds de vous, si vous voulez vous remettre entre mes mains, suivre mes avis.

RALEIGH.

Je suis prêt à commencer le traitement.

ÉLISABETH.

Ah! tant de bonne volonté me donne espoir... J'ai dit, et vous en êtes convenu, que c'est le cœur qui chez vous est atteint... Eh bien, j'ai spécialement étudié ce genre de maladie, il exige des soins particuliers, beaucoup de distractions...

RALEIGH, joyeux, à part.

Voudrait-elle enfin favoriser mon expédition?

ÉLISABETH, continuant.

La solitude ne fait qu'aggraver votre mal, elle vous oblige à concentrer vos chagrins, il vous faudrait une amie...

RALEIGH, étonné.

Une amie?

ÉLISABETH.

Oui, une amie sincère et dévouée, dans l'âme de laquelle vous puissiez vous soulager, vous épancher.

RALEIGH.

Où veut-elle en venir?

ÉLISABETH.

Sir Walter, je veux vous marier.

RALEIGH, bondissant.

Me marier!

ÉLISABETH, se levant.

Oui. Calmez-vous... Je vous ai trouvé une épouse digne de vous.

RALEIGH, à part.

De l'adresse où je suis perdu! (Feignant l'émotion.) Je croyais madame, que vous n'ignoriez pas que mon cœur est depuis longtemps à une autre. (Il soupire. A part.) Elle ne pourra pas me reprocher d'avoir menti!

ÉLISABETH.

Oui, je sais que vous nourrissez en secret une passion violente pour une personne... mais je sais aussi que cette personne ne répond pas... ne peut répondre à votre amour...

RALEIGH, la regardant d'un œil désespéré.

On ne vous a pas trompée, madame! (Soupirant.) Mais j'ajouterai, comme correctif à mes maux, que sa vue seule suffit à mon bonheur.

ÉLISABETH, à part.

Ah! il sait aimer, lui!

RALEIGH.

Celle que j'aime, madame!...

ÉLISABETH, lui fermant la bouche.

Je ne veux pas savoir son nom! Les secrets de cette nature doivent être respectés! Mais quelle que soit cette femme, je la félicité d'avoir fait naître tant de constance et d'attachement.

RALEIGH, avec enthousiasme.

Elle est si belle!

ÉLISABETH, minaudant.

En vérité! la chronique cependant n'est pas de votre avis. A l'en croire, celle que vous aimez ne serait plus de la première jeunesse, sa beauté même serait très-contestable.

RALEIGH, chevaleresque.

La chronique est une calomniatrice. Si elle ose prendre face humaine, je suis prêt à lui prouver l'épée au poing que celle pour qui je soupire, est la grâce, la beauté, la jeunesse en personne.

ÉLISABETH, minaudant.

Oh! vous exagérez, bien certainement!

RALEIGH, avec enhtousiasme.

Je n'exagère point! Quiconque l'a vue comme moi sur son fier coursier, poursuivre à la chasse le faon léger, gracieuse comme Diane, fière comme l'épouse de Jupiter, qui l'a vue lorsque le souffle de l'ouest faisait voltiger ses longs cheveux sur ses joues fraîches comme celles d'une nymphe, ou assise sous la feuillée ombreuse semblable à une déesse et chantant comme un ange ou modulant comme Orphée! qui l'a vue ainsi a senti son cœur percé d'outre en outre et ne saurait l'oublier! (A part.) O mythologie, merci!

ÉLISABETH.

Et dire que ce sont toujours ceux là qui nous sont indifférents! Ah! je comprends tout ce que doit souffrir votre âme passionnée, sir Walter! mais plus celle que vous aimez a de charme, plus vous devez vous efforcer de l'oublier.

RALEIGH, à genoux et feignant le désespoir.

L'oublier! jamais! Que Votre Majesté me demande ma vie, mais me laisse ma souffrance!

ÉLISABETH.

Je l'exige... Celle que je vous destine est belle, noble ; je la ferai riche, je lui donne en dot les douze cent mille acres de terre confisqués au comte de Nesmond. Quant à vous, je vous fais grand sénéchal du comté de Cornouailles.

RALEIGH, à part.

Comment sortir de cette impasse? je ne puis pourtant pas lui dire que je suis marié! Oh! quelle idée! (Haut et grave.) Votre Majesté me force à lui avouer la vérité: je ne suis pas libre.

ÉLISABETH.

Qu'est-ce à dire?

RALEIGH.

J'ai fait un vœu.

ÉLISABETH.

Un vœu? quel vœu?

RALEIGH.

Celui de suivre l'exemple de ma souveraine... de vivre et de mourir...

ÉLISABETH, étonnée.

Achevez... de vivre et de mourir!...

RALEIGH, baissant les yeux et après un grand temps.

Célibataire...*

ÉLISABETH.

Oh! sir Walter! à votre âge!... quelle folie! mais heureusement pour vous, je suis chef spirituel et temporel de mon royaume; je vous relève de votre serment.

RALEIGH, à part.

Morbleu! je n'aurai pas le dernier. J'y renonce, ayons l'air de céder. Ce soir, je ferai voile pour la France. (A la reine.) Je suis prêt pour le sacrifice.

ÉLISABETH.

Enfin, vous êtes raisonnable.

---

* NOTA. — Où : *Vierge*, suivant la tolérance du public. A Paris le mot a produit grand effet, mais je dois dire que la cause en est surtout à la façon spirituelle dont M. Julien Deschamps l'a prononcé.

RALEIGH.
Si Votre Majesté veut me nommer la malheureuse...

ÉLISABETH.
Elle est digne de vous, c'est la noble Catherine Sidney !

RALEIGH.
Catherine Sidney ?... c'est Catherine Sidney que Votre Majesté veut me faire épouser ?

ÉLISABETH.
Sans doute.

RALEIGH, à part.
Je suis sauvé !

ÉLISABETH.
Eh bien, que dites-vous de mon choix ?

RALEIGH, changeant de ton.
Je dis, madame, que des traîtres se jouent indignement de Votre Majesté, je dis que ce mariage est impossible

ÉLISABETH.
Impossible !

RALEIGH.
Oui, impossible, car lady Sidney est mariée légitimement au comte d'Essex !

ÉLISABETH.
Tu mens ! S'il en était ainsi ? aurait-il approuvé ton mariage. Il sait que vos fiançailles doivent avoir lieu ce soir !

RALEIGH.
Les fiançailles n'engagent à rien.

ÉLISABETH.
Non, mais le mariage engage, il sait qu'il aura lieu dans quelques jours.

RALEIGH.
Dans quelques jours, mais qui vous dit, madame, que le comte n'a pas pris déjà ses mesures pour empêcher cette union? qui vous dit que la résignation de Catherine n'a pas été ordonnée par son mari pour gagner du temps? qui vous dit que demain la révolte suscitée par Essex et ses amis n'éclatera pas dans Londres? qui vous dit enfin que demain vous règnerez encore ?

ÉLISABETH, elle passe.
Une conspiration ! tu es fou. Il serait donc las de vivre ?

RALEIGH.
Il m'en coûte d'enlever à Votre Majesté sa dernière illusion... ce que je viens de dire est la vérité.

ÉLISABETH.
Si tu as dit vrai, je te récompenserai royalement, mais si tu m'as trompée, ta tête me répondra des tortures que tu m'auras causées !

RALEIGH.
Soit !

ÉLISABETH, réfléchissant.
Ah ! le comte est marié, dis-tu ? et c'est pour s'opposer à ce mariage qu'il conspire contre moi ! Si tu as dis vrai, il doit t'être indifférent de te prêter au rôle d'époux, le dénoûment sera naturellement ta délivrance ; il faut me servir jusqu'au bout... Allez revêtir vos habits de noces, sir Walter ! ce soir votre mariage suivra immédiatement vos fiançailles ! ce sera drôle !

RALEIGH.
Oui, terriblement drôle.

ÉLISABETH.
Entrez tous.

SCÈNE XV

ÉLISABETH, doucereuse.
Les fiançailles de sir Walter Raleigh et de notre chère Catherine Sidney auront lieu ce soir après la fête... Je vous y invite tous ! (Étonnement général.)

NOTTINGHAM, à Oxford.
Elle veut se débarrasser de lui, elle l'aura forcé de l'épouser.

OXFORD.
Ma foi, Raleigh ne perdra pas au change !

ESSEX, à la reine.
Je vois avec plaisir que sir Walter n'a pas fait trop de difficultés.

ÉLISABETH, gracieuse.
Ah ! j'ai eu du mal à le convaincre, au contraire. J'ai dû même, employer la violence.

ESSEX.
Pas possible ! et à quand le mariage ?

ÉLISABETH.
Mais... demain !

ESSEX.
C'est charmant ! (A part.) Demain tu ne règneras plus !

ACTE TROISIÈME

Château d'Essex. — Riche salon renaissance à colonnades ; on voit partout.

SCÈNE PREMIÈRE

LES MÊMES, SHAKSPEARE, SALTARELLI.

SHAKSPEARE, s'avançant.
Trop de danse, trop de danse, maître Saltarelli, notre temps est compté, votre ballet ne doit pas durer plus de dix minutes.

SALTARELLI, avec un fort accent italien.
Dix minoutes, vous n'y songez pas monsieur Shakspeare, que voulez-vous que je fasse en dix minoutes ? Calcoulez : le pas de ma première ballerine cinq minoutes, le petit badinazes des faunes avec les nymphes cinq minoutes, les nymphes repoussent les faunes, cinq nouvelles minoutes, les faunes reviennent à la sarze et gagnent le cœur des nymphes cinq minoutes, puis l'apothéose encore, cinq minoutes ; en tout, vingt-cinq minoutes.

SHAKSPEARE, imitant son langage.
Eh bien, supprimez le petit badinaze et l'apothéose.

SALTARELLI.
Souprimer le petit badinaze, vous n'y sonzez pas ! toute la lozique de mon ballet il est détrouite ! si les nymphes et les faunes ne badinent pas avant de s'ounir, plou de morale, M. Shakspeare, plou de mourale et la dinse doit être mourale avant toute soze.

SHAKSPEARE.
Avant de songer à la morale, maître Saltarelli, il faut songer à ne pas être ennuyeux.

SALTARELLI.
Ennuyouze, ennuyouze ! la danse n'est jamais ennuyouze, M. Shakspeare.

SHAKSPEARE.
Pour un maître de ballet, c'est possible.

SALTARELLI.
Ah ! vous êtes bien comme tous les auteurs, tout ce qui n'est point bavardaze vous irrite, vous faites fi de la dinse, mais vous y viendrez, c'est moi qui vous lé dis !

SHAKSPEARE, imitant l'accent.
A la dinse ? jamais !

SALTARELLI.
Vous y viendrez, vous dise, si votre Hammelette dansait deux ou trois petit ballettes, croyez-moi, il n'en serait que plou sympathique.

SHAKSPEARE.
Pour vous, je ne dis pas.

SALTARELLI.
Aussi pour le publoic; vos confrères l'ont bien compris, ils ne néglizent jamais la dinse dans leurs ouvrages.

SHAKSPEARE, brutalement.
Mes confrères font ce qu'ils veulent, maître Saltarelli. Je n'ambitionne pas leurs faciles succès, le public n'a déjà que

trop de propension à courir aux spectacles qui frappent les sens, mon but est plus noble, c'est à son esprit que j'en veux, c'est lui seul que je cherche à captiver.

SALTARELLI.

Tout comme moi. Nous sommes dignes de nous comprendre, nous sommes deux hommes de pensée. A quoi croyez-vous que je sonze quand je dinse.

SHAKSPEARE.

Mais... à ne pas faire de faux pas, je suppose.

SALTARELLI.

Nullement, nullement. (Frappant son jarret.) Je zouis sûr de mon jarret, je ne m'en occupe point. Quand je dinse... je pinse!...

SHAKSPEARE.

Ah ! bah ! vous pensez? et à quoi ?

SALTARELLI, prenant des poses.

Je me dis : que tu es beau Saltarelli ! que le poublic qui te contemple doit être houreux.

SHAKSPEARE.

Ah! j'y suis ! vous êtes un danseur... philosophique ?

SALTARELLI.

Vous l'avez dit : ainsi c'est entendu, vous m'accordez mes vingt-cinq minoutes.

SHAKSPEARE.

Non pas, non pas, mettons en quinze en l'honneur de la philosophie, et n'en parlons plus.

SALTARELLI.

Mais... M. Shakspeare !

SHAKSPEARE.

Mes comédiens m'attendent, mon bon Saltarelli; allez préparer votre petit badinaze. Voici les invités du comte qui se rendent ici. La reine va venir, vous n'avez que le temps et moi aussi...

SALTARELLI.

Il est jaloux de moi, je le vois bien. (Ils sortent. Les seigneurs traversent la scène dans le fond.)

SCÈNE II

ESSEX, SOUTHAMPTON.

ESSEX.

L'insolent! tu as bien fait de m'entraîner, je ne pouvais plus me contenir, j'allais éclater.

SOUTHAMPTON.

Tant de colère parce que sir Raleigh a baisé la main de Catherine ? N'est-ce pas une conséquence de la situation que tu as fait naître : un futur fiancé peut-il s'en dispenser, surtout sur l'ordre de sa souveraine ?

ESSEX.

Que veux-tu ? C'est plus fort que moi.

SOUTHAMPTON.

Imite Catherine ! elle a plus de courage que toi, elle ; elle soutient son rôle avec une énergie!...

ESSEX.

Factice !. Comme elle doit souffrir, la noble enfant!... Ciel ! la voici ! et avec lui !... il lui parle bas !... et je n'ai pas le droit...

SOUTHAMPTON, le retenant.

Voyons, voyons, du calme, retire-toi !

ESSEX.

Non, je ne puis, je veux rester... Savoir ce qu'il ose lu dire!... laisse-moi ! (Il causent derrière la colonne.)

SCÈNE III

RALEIGH, CATHERINE, ESSEX, écoutant, SOUTHAMPTON.

RALEIGH.

Ah ! au moins on respire ici. Cette atmosphère de la salle du festin ne vous convenait pas, milady, je vous voyais pâlir...

CATHERINE.

En effet, mylord, je vous remercie de cette attention.

RALEIGH.

Attention bien naturelle de la part d'un fiancé, madame, car nous serons fiancés ce soir, il n'y a plus à s'en dédire ! (Catherine reste silencieuse.) Et demain mon bonheur sera complet ! (A part.) Elle reste impassible ! elle est très-forte cette petite femme, mais je la forcerai bien à se trahir!... (A elle.) Il y a des choses étonnantes dans la vie, il faut en convenir : jamais, quelque bonne opinion que je puisse avoir de mon mérite, je n'aurais pu supposer que vous aviez daigné... me remarquer !... (Il attend une réponse, elle ne bouge pas et arrange, quoique grave, sa toilette d'un air indifférent.)

RALEIGH, continue.

Oui... je suis fier de cette préférence... Car, nous pouvons nous dire cela entre nous, vous êtes charmante et... je ne suis pas positivement... beau ! vous êtes jeune, et je suis... mûr... quand je vois autour de moi, tant de brillants rivaux, Oxford, le comte d'Essex... surtout.

CATHERINE.

Vous oubliez, mylord, que le comte d'Essex n'est pas libre !

RALEIGH, lui baisant la main.

Heureusement pour moi ! (A part.) Elle est très-forte.

ESSEX.

Encore !... (Il s'avance précipitamment.)

SOUTHAMPTON.

L'imprudent.

ESSEX, avec hauteur.

Je vous trouble peut-être, sir Raleigh ?

RALEIGH.

Ils nous épiait

CATHERINE.

Mon Dieu ! que va-t-il faire ?

ESSEX.

Permettez-moi, madame, de vous féliciter de votre choix et de vous souhaiter tout le bonheur que vous méritez.

CATHERINE.

Je remercie votre seigneurie.

RALEIGH, à part.

Amusez-vous à mes dépens, mes enfants, j'aurai mon tour ! (A Essex.) Comptez sur moi pour le lui donner, ce bonheur.

ESSEX, ironiquement.

La franchise et la loyauté bien connus de sir Walter en sont les plus sûrs garants.

RALEIGH.

De grâce, mylord, ménagez ma modestie.

ESSEX, continuant.

On sait qu'il est incapable de vouloir unir son sort à celui d'une jeune femme, s'il n'avait pour elle une affection sincère... et désintéressée !

RALEIGH, légèrement.

Ah ! c'est bien vrai !

CATHERINE.

Il va se trahir ! (A Raleigh.) Retirons-nous, mylord, je me sens un peu... souffrante.

RALEIGH.

Vous paraissez fort émue en effet, madame, mais nulle part vous ne serez mieux qu'ici. Un peu de fatigue peut-être. (Il avance un fauteuil.) Reposez-vous là, pour laisser au comte le temps d'achever mon éloge. Me dérober quand il est en veine d'éloquence, serait de ma part impolitesse ou dédain.

CATHERINE.

Je tremble !

RALEIGH, s'avançant en persiflant.

Continuez d'énumérer mes qualités, comte, vous m'intéressez infiniment ; vous avez une éloquence si persuasive...

ESSEX, avec hauteur.

Je n'aime pas les persifleurs, sir Raleigh !

RALEIGH.

Ah bah ! Vous devez donc bien vous détester, mylord, car vous venez de me donner un échantillon de votre savoir faire. Heureusement... je suis plus prudent que vous !

ESSEX, ironique.

Vous appelez cela de la prudence ?

RALEIGH, jouant la naïveté.
Ce ton d'aigreur... Je ne m'explique pas, je l'avoue... (Riant.) Ah ça! seriez-vous jaloux de moi, comte?

ESSEX, troublé.
Moi... qui peut vous faire supposer.

CATHERINE, interrompant.
Retirons-nous, sir Raleigh, je l'exige :

RALEIGH.
Dans un instant je suis à vous, madame. (Il la reconduit.)

CATHERINE.
Je me retire alors. (Elle sort avec noblesse.)

SOUTHAMPTON, à Essex.
Imprudent! tu vas nous perdre, te trahir. Viens...

ESSEX.
C'est vrai! Oh! cet homme, cet homme! que j'aurai de plaisir à l'écraser!

SOUTHAMPTON.
Demain, demain. Aujourd'hui tu ne t'appartiens pas. Viens.

ESSEX, se calmant.
Tu as raison. (A part et avec menace.) A demain, sir Raleigh. (Il sort par la droite.)

RALEIGH, saluant et le regardant s'éloigner.
Non, pas à demain, comte : à ce soir!

SCÈNE IV

Les Mêmes, NOTTINGHAM, HATTON, OXFORD, entrant par le fond.

NOTTINGHAM.
Catherine Sidney est adorable sous son voile de fiancée.

HATTON.
Adorable, c'est le mot! Quel heureux mortel que ce Raleigh!

OXFORD.
En effet : justement le voici! la circonstance est heureuse, je vais lui adresser mes compliments. (S'inclinant.) Recevez mes félicitations, sir Walter, votre femme est charmante!

HATTON.
Charmante, charmante! et si j'avais encore mon comté d'Hatton...

NOTTINGHAM.
Oh! assez de grâce! puisque vous ne l'avez plus... n'en parlez plus!

RALEIGH.
Ma femme, Oxford! elle ne l'est pas encore!

OXFORD.
Elle le sera demain!

RALEIGH.
Qui sait? la femme est si changeante! Tenez, voulez-vous savoir le fond de ma pensée?... je crois... je dirai même plus... je suis certain que ce mariage n'aura pas lieu.

TOUS.
Bah!

OXFORD, à Nottingham.
S'il nous dit cela, c'est qu'il a ses raisons.

HATTON, curieusement.
Mais qui peut vous faire supposer...

RALEIGH, à part.
Au diable le curieux! (Haut) Un présage, sir Hatton, un affreux présage.

HATTON.
Vraiment? et, peut-on savoir.....

RALEIGH.
Vous y tenez absolument?

HATTON.
Certes.

RALEIGH, mystérieusement.
Eh bien, figurez-vous que j'ai rencontré ce soir... un indiscret. Or, quand je rencontre un indiscret, surtout le soir, c'est un signe certain pour moi que la femme que j'aime me trahira.

OXFORD, riant.
Attrappe!

HATTON.
Comment! vous êtes superstitieux à ce point!

RALEIGH.
Oui, que voulez-vous, chacun a ses faiblesses.

NOTTINGHAM, à Raleigh.
A vous la palme, sir Walter, pour vous débarrasser d'un fâcheux... Tiens, quel nouvel ordre avez-vous donc là? (Il montre l'empreinte des pieds de la reine sur son manteau.)

NOTTINGHAM.
Oui... ces petits ronds constellés de pierreries.

RALEIGH, affectant la gravité.
Ces petits ronds, Oxford, inclinez-vous devant eux! C'est l'empreinte des pieds de la reine!

OXFORD.
Bah!

NOTTINGHAM.
Comment! ceci, mais ce sont des pieds d'enfant de six ans!

RALEIGH.
Vous trouvez... ou, mon tailleur a peut-être exagéré.. mais à cela près... (On rit. Il voit la foule des seigneurs.) Ah! voici qui nous annonce l'arrivée de notre gracieuse souveraine. A notre poste messieurs! (Il monte avec eux, s'arrête tout d'un coup au milieu du théâtre.) Oh! mais voyez comme je suis étourdi, messieurs; ma fiancée, ma fiancée que j'oublie. (Il sort.)

SCÈNE V

Les Mêmes, LA REINE [1].

Elle est revêtue d'une magnifique robe de velours cramoisi. Elle est littéralement couverte de pierreries comme une châsse. Quatre dames d'honneur soutiennent la queue de sa robe, elle donne la main à Essex, derrière eux Raleigh donnant la main à Catherine Sidney. Seigneurs, dames, toute la suite de la reine.

ÉLISABETH, en descendant la scène.
Qu'avez-vous, comte? vous paraissez soucieux.

RALEIGH.
Mylord craint sans doute que Shakspeare ne soit pas à la hauteur de sa mission.

ESSEX.
Oui, c'est cela...

ÉLISABETH.
Nous serons indulgente. (Arrivée au milieu de la scène, un trône en or massif sort de terre, Élisabeth est la première surprise. La reine s'assied, tout le monde se range autour d'elle.)

ÉLISABETH, à Essex, montrant la fiancée.
Voyez-les donc comme ils sont intéressants, c'eût été vraiment dommage de ne pas les unir.

ESSEX, souriant.
En effet, mais voici le dieu de l'Olympe qui vient nous annoncer sans doute que la fête commence. (Shakspeare en Jupiter descend sur un aigle gigantesque et s'arrête dans l'air.)

SHAKSPEARE, en Jupiter.
Moi, Jupiter, le roi des cieux,
Par Mercure, courrier fidèle,
Ayant appris sa visite en ces lieux

---

1. Nota. — Deuxième version. (Fête supprimée pour la province.)
Entrée d'Élisabeth. — Vous ne vous plaindrez pas, sir Walter, vous avez des fiançailles royales... (A part.) Enfin, je vais donc savoir...
Essex. — Si Votre Majesté veut passer maintenant dans la salle de spectacle...
Élisabeth. — Sauter à : Tout à l'heure, comte, il ne faut pas être trop égoïste (et continuer.)

J'ai cru devoir quitter les cieux
Pour honorer et pour contempler celle
Dont le savoir, l'esprit et la beauté,
Et plus encore l'austère chasteté,
Déjà l'ont mise au rang de mes déesses.

RALEIGH, au public.

Comment, lui aussi ! C'est étonnant comme on se rencontre en poésie !

SHAKSPEARE, en Jupiter.

Pour te donner l'avant-goût des ivresses
Que dans l'Olympe un jour tu goûteras,
Je vais, laissant ton beau corps sur la terre
Où si longtemps encor tu resteras,
Ravir ton âme au séjour de lumière etc,. etc...

Il fait un signe de son sceptre, le décor se transforme. Le fond représente un paysage idéal, une musique céleste et invisible (l'*Orphée* de Gluck) se fait entendre. De tous les endroits des nymphes et des faunes sortent de terre et éxécutent, devant la reine, une danse de caractère.

ÉLISABETH, à Essex.

Je suis vraiment sous le charme. (A Walter.) Vous ne vous plaindrez pas, sir Walter, vous avez des fiançailles royales.

RALEIGH.

Shakspeare est un véritable magicien.

ESSEX, à Southampton.

Elle se souviendra de la dernière nuit de son règne.

ÉLISABETH.

Votre fête est charmante, comte. (A part.) Je ne puis croire encore à tant de perfidie ! Enfin, je vais donc savoir...

ESSEX.

Si Votre Majesté daigne passer dans la salle de spectacle.

ÉLISABETH.

Tout à l'heure, comte, il ne faut pas être trop égoïste, notre plaisir ne doit pas nous faire oublier celui des autres; voilà deux amoureux qui brûlent certainement d'être fiancés, approchez, sir Walter, et vous aussi, ma chère Catherine, que je passe à votre doigt l'anneau des fiançailles. (Tous deux s'approchent.)

ESSEX, à Southampton.

Pauvre Catherine ! comme elle est pâle !

CATHERINE.

Soutenez-moi, mon Dieu ! je me sens défaillir !

ÉLISABETH, à Catherine.

Pourquoi trembler ainsi, mon enfant, votre bonheur est grand, je le conçois, mais efforcez-vous de le supporter. (Elle lui glisse au doigt l'anneau.)

ESSEX, à part.

Je n'ai plus une goutte de sang dans les veines ! Enfin c'est fini ! ah ! je lui ferai payer cher les tortures qu'elle lui fait endurer.

ÉLISABETH.

Il ne m'est plus permis de douter, la pâleur du comte, celle de Catherine... le traître ! Oh ! je veux du moins savourer ma vengeance !... (A Raleigh.) Vos mesures sont prises ?

RALEIGH.

Votre Majesté peut agir sans crainte.

SOUTHAMPTON, à Essex.

La reine a parlé bas à sir Walter

ESSEX.

Serait-il son complice ? En tout cas leurs espérances sont déçues à cette heure. (A Élisabeth.) Maintenant que Votre Majesté a fait le bonheur de ses protégés, veut-elle que nous passions dans la salle de spectacle.

ÉLISABETH, avec intention.

Mais comme vous êtes pressé comte ! Vous avez ce soir une rage de théâtre..... Vous tenez donc beaucoup à assister à cette représentation !

ESSEX.

Mais... je vous avoue, madame, que je m'y intéresse infiniment, la lecture du drame de Shakspeare m'a fait tant de plaisir que j'ai hâte....

ÉLISABETH, en contemplation devant le couple.

Patience ! patience !... pour le moment je suis tout à mes protégés ; Sir Walter paraît si heureux près de sa fiancée !... que je regarderais comme une cruauté de retarder son bonheur.

ESSEX, troublé.

Que veut-elle dire ?

RALEIGH.

Ah ! voilà la crise ?

ÉLISABETH, à Essex.

Pendant que nous y sommes, pourquoi ne pas achever mon œuvre ? Shakspeare attendra. Au lieu d'aller au théâtre, si nous nous rendions à la chapelle du château pour les unir.

ESSEX, à part.

Ciel !

CATHERINE.

Qu'entends-je ?

ÉLISABETH, avec une joie féroce.

Il me semble que j'entends leur cœur battre dans leur poitrine !

ESSEX, très-troublé, balbutie.

C'est que je...

ÉLISABETH.

Ah ! le traître ! il est pris à son propre piége !

ESSEX.

Le ministre... est absent...

ÉLISABETH.

N'est-ce que cela ? nous en trouverons un. Allons, rendons-nous à la chapelle ! Votre main, comte.

CATHERINE, qui s'était contenue, pousse un cri

Ah ! (Elle tombe évanouie dans les bras des femmes.)

ESSEX, s'élançant vers elle.

Ah ! c'en est trop !

SOUTHAMPTON, l'arrêtant.

Malheureux ! tu vas te perdre !

ÉLISABETH, ironiquement.

Ah ! pauvre enfant ! qu'a-t-elle donc ? L'émotion, la joie, sans doute ? quand on aime ardemment.

ESSEX, à Southampton.

Mais tu vois bien qu'elle sait tout et qu'elle nous martyrise ! Va prévenir nos amis, ce n'est pas demain, mais ce soir, à l'instant même qu'il faut l'enlever où nous sommes perdus !

SOUTHAMPTON.

J'y cours, mais de grâce contiens-toi jusqu'à mon retour. (Il sort.)

SCÈNE VI

LES MÊMES, moins SOUTHAMPTON.

ÉLISABETH.

Ah ! elle rouvre les yeux ! je le disais bien, ce n'est qu'un peu d'émotion... soutenez-là, sir Walter, et rendons-nous à la chapelle.

CATHERINE, se traînant aux genoux de la reine.

Grâce, grâce ! madame.

ESSEX, à part.

Pauvre enfant ! Southampton, reviens ! reviens vite, mon cœur se brise, il faut que j'éclate !

ÉLISABETH, feignant l'étonnement.

Grâce ? Pourquoi mon enfant ? vous ne tenez donc pas à être mariée ce soir ?

CATHERINE, se traînant.

Non, non, demain ! demain ! seulement.

ÉLISABETH, à part.

Je le conçois. (Haut.) Et pourquoi demain ? j'ai hâte de vous voir unis.

CATHERINE, à mains jointes.

Oh ! je vous en supplie, madame ! je... je ne puis... je... Oh ! mais vous voyez bien que je me meurs !

ESSEX, s'élançant, et la prenant dans ses bras.

Oui, vous ne voyez donc pas qu'elle se meurt, cruelle !

ÉLISABETH, se levant.

Qu'est-ce à dire?

ESSEX, la présentant à Élisabeth.

La comtesse d'Essex! ma femme!

TOUS.

Ah!

ÉLISABETH.

Ah! tu l'avoues donc, traître! Tu t'es fait bien attendre.

ESSEX.

Oui, elle est ma femme! c'est elle, elle seule que j'aime! entends-tu, reine impitoyable!... Faire souffrir ainsi une faible et innocente créature! et parce qu'elle a osé aimer. (Riant fébrilement.); comprenez-vous ce crime abominable... mylords

CATHERINE, lui mettant la main sur la bouche

Tais-toi, tais-toi, Robert! c'est la reine!

ESSEX.

La reine! allons donc! c'est ton bourreau, et le plus cruel des bourreaux! T'a-t-elle assez torturée, pauvre enfant!... (L'entourant.) Viens, viens là sur mon cœur! ce cœur qui n'a jamais battu que pour toi! Ose la regarder en face, souris-moi comme je te souris (Regardant la reine, qui tressaille.) et puisse notre amour être son supplice.

CATHERINE, se traînant aux pieds de la reine.

Oh! pardonnez-lui, madame, la douleur l'égare, il ne sait ni ce qu'il dit, ni ce qu'il fait!

ESSEX, la relevant.

Relève-toi! à quoi bon la supplier? ne vois-tu pas que c'est une statue de marbre! Ce n'est pas à nous, mais à elle de trembler! Oui, tremble, reine! car ton règne est terminé!

CATHERINE, se suspendant à lui.

Oh! par pitié, Robert!

NOTTINGHAM, à Oxford.

Le comte a perdu la raison.

RALEIGH, veut s'élancer.

Vous en avez menti, comte!

LA REINE, qui pendant la scène a paru impassible, le retenant.

Laissez le dire, sir Walter! car aussi vrai que je suis la fille d'Henri VIII, ce sont les dernières menaces qui sortiront de ses lèvres.

ESSEX.

Tu te trompes, reine, tu crois me tenir et c'est toi qui es en ma puissance! je ne te crains plus à cette heure! (Il avance vers elle.) Et la preuve, c'est que je te brave!

LA REINE, le frappant de son gant.

A genoux, rebelle!

ESSEX, bondissant et portant la main à son épée.

Ah! si vous étiez un roi, si vous étiez votre père Henri VIII au lieu d'être une femme en jupons.

ÉLISABETH.

Emparez-vous de ce traître.

ESSEX, tirant son épée.

Que pas un de vous n'avance à longueur de mon épée, ou j'en fais un mort!

RALEIGH, s'avançant au-devant.

Votre épée, comte!

ESSEX.

Si tu tiens à l'avoir, viens la prendre! (Il tombe en garde ainsi que Raleigh : commencement de duel.)

ÉLISABETH, se jetant entre les épées.

Arrêtez, Raleigh! ne voyez-vous pas que cet homme est fou!

SCÈNE VII

LES MÊMES, SOUTHAMPTON.

SOUTHAMPTON, précipitamment.

Que fais-tu, malheureux! nous sommes trahis! le château est cerné, nos amis sont en fuite.

ESSEX.

Oh! rage!

SOUTHAMPTON.

Gagnons les souterrains, des chevaux nous attendent! Si nous sortons d'ici, dans deux heures nous pouvons être à Londres; le peuple est pour toi, tu es sauvé!

ESSEX.

N'hésitons pas alors, faisons une trouée à travers cette foule! Pour des hommes de notre sorte mieux vaut mourir de l'épée que de la hache! Arrière, arrière! (Il s'élance, Southampton le suit. Combat. Ils désarment cinq ou six combattants et en blessent plusieurs.)

SOUTHAMPTON, il se place devant Essex et protége sa fuite.

Fuis, Robert... (Il combat.)

CATHERINE, à Robert.

Robert!... (Elle se suspend à son cou, et s'évanouit.)

ESSEX.

Ne m'arrête pas, chère âme! Demain, ce soir peut-être je viendrai te délivrer... (Il la confie à ses femmes et sort. Le combat continue entre Southampon et les soldats. Il finit par succomber et tombe blessé.)

ESSEX, sur le seuil.

Au revoir, reine! Nous nous reverrons à Londres...

HOWARD.

M'échapperait-il?

ÉLISABETH.

Oui, sur ton échafaud!

ACTE QUATRIÈME

Cabinet de travail de la reine [1].

SCÈNE PREMIÈRE

HOWARD, HATTON, NOTTINGHAM, OXFORD et les autres seigneurs sont groupés dans le fond et causent avec animation ; sur le devant, la reine assise, sombre.

OXFORD à Nottingham.

Il s'est barricadé dans son palais, dites-vous?

NOTTINGHAM.

Oui, avec ses amis, mais il ne pourra tenir longtemps.

OXFORD.

Quelle défense héroïque!

NOTTINGHAM.

Mais folle, il succombera, sir Walter a fait amener les canons de la Tour.

LA REINE, se promenant avec agitation.

Les lâches! il est donc bien terrible, cet homme qu'on ne peut arriver à le saisir? Morbleu! (Frappant sur la table.) Je ne suis donc que d'une reine de théâtre, je n'ai donc que des semblants de sujets que je ne puis arriver à me rendre maître d'un rebelle! Eh bien! quand vous serez tous là à me regarder d'un air consterné? Je veux le comte, je le veux, je le veux! (Frappant du pied.) S'ils ont peur de lui, qu'ils le disent, je monterai à cheval, et je jure Dieu que ces extravagants fuiront devant mon visage comme un troupeau de daims! Qu'on fasse annoncer qu'une récompense de dix milles livres est accordée à ceux qui livreront le comte. Allez!

NOTA. — Dans les villes où les décors sont insuffisants, le théâtre représentera tout de suite le tribunal... Estrade avec fauteuils pour les pairs... (Porte dérobée au fond.)

SCÈNE II

LES MÊMES, RALEIGH, entrant couvert de poussière, son épée brisée.

RALEIGH.

Le comte est prisonnier madame!

HOWARD.

Enfin!

ÉLISABETH.

Tous ses biens et ses priviléges pour cette nouvelle, sir Walter! Où est-il?

RALEIGH.

Gardé à vue dans sa maison, où il s'était fortifié.

ÉLISABETH.

Enfin, je le tiens donc, le traître! je vais donc lui rendre tortures pour tortures! S'est-il assez joué de moi, l'infidèle! m'a-t-il assez outragé. (A Raleigh.) Comment n'est-il pas encore ici ? Qu'on l'amène; que les pairs du royaume se rassemblent ici à l'instant même et le jugent! J'ai hâte d'en finir avec lui! Le flagrant délit de haute trahison n'est pas discutable, les pairs savent ce qui leur reste à faire. Avant une heure que son procès soit terminé, et qu'avant ce soir, sa tête soit tombée. (Elle sort avec les seigneurs.)

SCÈNE III

RALEIGH, HOWARD.

HOWARD, joyeux.

Eh bien, sir Raleigh, nous triomphons!

RALEIGH.

Plus un mot, sir Howard, vous allez trop loin, je ne puis plus vous suivre, j'ai désiré l'exil du comte, non sa mort!... Il ne m'appartient pas de juger votre conduite, vous avez reçu du comte une de ces injures qu'on pardonne difficilement. Pour moi ma haine tombe devant son malheur. Je ne vois plus en lui que le héros, mon ancien compagnon d'armes! et l'intérêt de l'Angleterre dont il est une des gloires, n'attend plus rien de moi que le silence... c'est tout ce que je puis faire pour vous à cette heure!

HOWARD.

Je comprends vos scrupules, sir Raleigh; votre rôle est terminé, le mien commence. (Il sort.)

SCÈNE IV

RALEIGH, seul.

Quel reptile que cet homme! il sera bien avancé quand le comte ne sera plus; sa mort lui fera-t-elle retrouver... ce qu'il a perdu?... Décidément, sans philosophie, la vie n'est que tourments; la vengeance, la haine, vanité que tout cela. Je le vois, les fruits que portent ces arbustes épineux sont, en apparence, pleins de promesses et ne recèlent en réalité que l'amertume et le dégoût!... (Il s'assied.) Ce comte! voilà deux ans que je lutte contre lui, deux ans que j'entasse en ruses, en expédients, Pélion sur Ossa pour le renverser; le succès couronne mes efforts; et là où je crois trouver l'ivresse, le bonheur, je ne récolte que désenchantement et indifférence!... (Il s'absorbe.) Il est vraiment grand, cet homme!... peu de génie, mais plein de séductions!... Et quelle bravoure! Je le vois devant la reine; il me rappelait l'Achille antique! Et une si noble tête tomberait par ma faute?... Ah! je ne puis y songer sans émotion. (Il verse une larme. Il se redresse brusquement.) Ah! quelle idée!... (Se parlant à lui-même.) Une fois relégué à la Tour, il m'est facile!... (Se frottant les mains.) J'ai donné ma parole à sir Howard de ne pas le démasquer, mais non de m'opposer à ses projets. Oui, je veux qu'il vive, ce noble rival!... Ma gloire l'exige, d'ailleurs. Son choc m'est nécessaire pour faire jaillir l'étincelle qui est en moi. N'est-ce pas pour le surpasser, pour éclipser ses exploits, que j'ai affronté mille dangers, couru les aventures? Que m'importent les applaudissements de la foule? Ce sont les faits de ces pareils que je recherche! ceux des héros!... et je n'en connais pas de plus grand... après moi! (Entre Catherine Sidney.) Catherine! quelle douleur sur ses traits! Je ne me sens pas le courage d'affronter sa présence. (Il sort.)

SCÈNE V

CATHERINE, LADY HOWARD.

LADY HOWARD.

De grâce, madame...

CATHERINE.

Non, non, je veux le voir encore, entendre sa voix!... Ne craignez rien! quelle que soit la sentence, je serai forte.

LADY HOWARD.

Vous le croyez.

CATHERINE.

Je serai forte, vous dis-je, n'insistez pas! Depuis qu'on m'a séparée de Robert, vous avez été pour moi plus qu'une amie, ure sœur dévouée...

LADY HOWARD.

Je ne fais qu'acquitter une dette de reconnaissance, madame, après ce que le comte a fait pour mon mari...

CATHERINE.

Ah! vous n'êtes pas des ingrats vous! vous ne ressemblez pas à ceux qu'il a comblés et qui le renient à cette heure! Bacon, le chancelier Bacon, lui-même, pour qui Robert a tant fait, l'abandonne en ce moment suprême! Il a quelque influence sur la reine. Quand, tout à l'heure, je l'ai supplié de parler pour lui, de le défendre : « Mon affection serait suspecte, m'a-t-il répondu; en le défendant, j'aiderais à sa perte!... » Pauvre Robert! Southampton, son ami, blessé, prisonnier lui-même, n'est plus là pour le soutenir. Vous le voyez, madame, vous seule et votre mari, vous vous intéressez encore à lui. Oh! par pitié, ne l'abandonnez pas! Intercédez en sa faveur auprès de la reine. Vous êtes sa confidente, autant qu'on peut l'être d'Élisabeth; parlez-lui, éveillez dans son cœur son ancienne affection; il est impossible qu'elle soit éteinte entièrement! Si je lui porte ombrage, dites-lui que je me sacrifierai pour son bonheur, que je mourrai, s'il le faut, mais qu'elle le sauve!

LADY HOWARD.

Calmez-vous, et comptez sur moi, madame, je ferai tout ce qui sera en mon pouvoir; ses juges ne peuvent tarder à paraître, entrez dans ce cabinet, c'est là que la reine se place d'ordinaire quand elle assiste, sans être vue au conseil secret. Vous serez en sûreté! (Catherine entre.)

SCÈNE VI

LADY HOWARD, seule.

Pauvre femme, elle est sous le charme comme j'y fus moi-même... Qu'a-t-il donc, cet homme, qu'on ne puisse l'oublier quand on a subi son regard?... Oui, j'essaierai de le sauver; liez-vous à moi, Catherine! car vous ne savez pas, vous ne saurez jamais, combien le passé me rattache à lui! Sir Davidson, l'huissier de la cour! pourvu qu'il ne s'aperçoive pas... (Elle sort.)

SCÈNE VII

DAVIDSON, SHAKSPEARE.

DAVIDSON, entrant par une porte dérobée. Shakspeare le suit.

Entrez, sir William. Ah! il faut que ce soit vous pour que je me mette ainsi en contravention.

SHAKSPEARE.

Je vous revaudrai cela, Davidson.

DAVIDSON.

Vous tenez donc beaucoup à voir juger mylord Essex.

SHAKSPEARE.

Le comte n'a-t-il pas été mon bienfaiteur?... A défaut de mon appui, ma présence lui prouvera du moins que je ne suis pas indifférent à son malheur...

DAVIDSON.

Je comprends, mais puisque je vous fais pénétrer dans les

coulisses de mon théâtre, vous ne refuserez plus maintenant de me recevoir dans les coulisses du vôtre?

SHAKSPEARE.

Vous entrerez même dans le trou du souffleur, si cela vous fait plaisir.

DAVIDSON.

Ah! le rêve de ma vie sera donc réalisé! pénétrer dans les coulisses d'un vrai théâtre! voir les acteurs... au naturel! que cela doit être curieux; il me semble que les comédiens sont des êtres à part, qu'ils doivent manger, boire et dormir autrement que les autres hommes.

SHAKSPEARE.

Vous ne vous trompez point, ils boivent en effet plus que le commun des mortels, et dorment plus souvent sous la table que dans leur lit.

DAVIDSON.

Drôles de gens!... Mais la cour va entrer, ne perdons pas de temps. Où diable vous placerais-je bien? Il y a ce cabinet... mais c'est celui de la reine... J'y songe! puisque vous êtes comédien, il doit être facile de vous transformer.

SHAKSPEARE.

Que voulez-vous dire?

DAVIDSON.

Johnson, un des greffiers est malade, il ne viendra pas. Si vous preniez sa place?

SHAKSPEARE.

Impossible, mes vêtements...

DAVIDSON.

Oh! j'ai ce qu'il vous faut; sa perruque de cérémonie et sa houppelande sont là. (Il va ouvrir un placard et en tire les objets énoncés.) En ne levant pas trop la tête, on ne s'apercevra pas de la substitution. Vite, endossez cela.

SHAKSPEARE.

O comédie! on te retrouve donc partout même dans le sanctuaire de la douleur! (Il met la houppelande et la perruque.)

DAVIDSON, riant.

C'est-à-dire que c'est à s'y tromper. Venez, maintenant.

Ils vont pour sortir par la droite, la reine entre, ils s'inclinent avec terreur, et sortent aussitôt qu'elle est entrée.

SCÈNE VIII

ÉLISABETH, puis CATHERINE.

ÉLISABETH, très-sombre, s'avance jusque sur le milieu de la scène; elle lève les yeux au ciel, hésite un moment, puis remonte la scène et ouvre brusquement la porte du cabinet. Elle aperçoit Catherine qui pousse un cri, elle lui saisit le bras, l'amène sur le devant de la scène.

Que faites-vous là? Tu viens le voir, n'est-ce pas? tu viens entendre sa voix si chère?

CATHERINE.

Je viens mourir, madame, car l'arrêt qui va le frapper, me frappera aussi!

ÉLISABETH, lui saisissant le bras.

Tu l'aimes donc bien?

CATHERINE.

Plus que la vie, madame! Oh! par grâce, sauvez-le, pardonnez-lui!

ÉLISABETH.

Lui pardonner! insensée! pour le voir retourner auprès de toi, te prodiguer ses caresses.

CATHERINE.

Non, non, je partirai; je mourrai même si ma mort est nécessaire à votre tranquillité! Qu'il soit tout à vous! je vous le laisse! mais sauvez-le, sauvez-le!

ÉLISABETH, à part.

Comme elle l'aime!

CATHERINE.

Ah! vous êtes émue!

ÉLISABETH, se redressant.

Moi?

CATHERINE.

Oui! vous vous efforcez en vain de cacher votre émotion! Oh! par pitié! madame, sauvez-le! S'il a conspiré contre vous, c'est qu'il se sentait perdu et redoutait votre colère. (Elle se traîne à ses genoux.)

ÉLISABETH, terrible.

Et s'il t'a aimé, s'il t'a épousée, était-ce aussi pour fuir ma colère.

CATHERINE, à genoux.

Ma mort ne vous vengera-t-elle pas?

ÉLISABETH, avec fureur.

Que m'importe ta mort? lavera-t-elle l'outrage qu'il m'a fait? D'ailleurs je le connais, l'orgueilleux, il me le reprocherait sans cesse, car c'est toi qu'il aime : il n'a pour moi que de la haine, du mépris, ne l'a-t-il pas dit devant tous... (Au comble de la rage.) Non, non, pas de grâce; il mourra, il faut qu'il meure! Et puisque sa mort doit entraîner la tienne, viens l'entendre prononcer! ce ne sera pas trop de deux existences pour fermer la plaie de mon cœur! (Elle l'entraîne dans le cabinet [1].)

SCÈNE IX

LES DOUZE PAIRS D'ANGLETERRE : LORD BUCKHURST, LORD DERBY, LORD WORCESTER, CUMBERLAND, LINCOLN, SUSSEX, COBBAN, MORLEY, GREY, STRAFFORD, CHANDOS, DARCY, BACON, É. COOK, VELVERTON, LORD BUCKHURST, président. (Ils s'asseyent.) HOWARD, RALEIGH, NOTTINGHAM, HATTON, OXFORD, et SEIGNEURS dans le fond au pied de la tribune, DAVIDSON et SHAKSPEARE se placent.

BUCKHURST.

Amenez l'accusé. (Essex fait son entrée dans la foule. Rumeurs diverses.) Lord Essex, la faculté de récusation vous est interdite, le flagrant délit de haute trahison étant évident. Sir Édouard Cook, lisez l'acte d'accusation.

ED. COOK, lisant.

Robert d'Essex, vous êtes accusé du crime de lèse-majesté au premier chef, c'est-à-dire de conspiration et de révolte contre la reine, dans le but d'attenter à sa vie.

ESSEX.

Je proteste! La liberté de la reine était menacée et non ses jours!

BUCKHURST.

Est-ce l'avis de la Cour. Que ceux qui sont contre cette croyance se lèvent. (Tous se lèvent excepté Bacon.)

BACON, hésitant.

Seul! alors il est perdu, j'ai tout à gagner à me mettre du côté de la reine. (Il se lève à son tour.)

ESSEX.

Eh! quoi, lui aussi! Ah!... François Bacon! vous me faites éprouver la plus grande douleur que j'ai ressentie de ma vie! J'excuse l'ingratitude chez un esprit vulgaire et inculte, mais de votre part le coup m'est sensible, je l'avoue! A quoi bon cette trahison? Elle souille à jamais votre gloire! Cessez de prêcher l'indépendance de la pensée et la liberté de conscience! on ne vous croira plus! Vous laissez supposer qu'un libre penseur, un philosophe, peut être à la fois le plus vil des courtisans et le plus ingrat de tous les hommes! Judas Bacon, je vous pardonne!

DAVIDSON, à Shakspeare.

Vous vous oubliez, William.

SHAKSPEARE.

Oui.. j'admire!

RALEIGH.

Un pareil homme ne doit pas mourir!

BUCKHURST.

Huissier, appelez!

DAVIDSON, appelle successivement tous les pairs qui se lèvent. Quand il a fini :

BUCKHURST.

Prononcez, messieurs.

---

1. Dans les grandes villes, changement à vue : le tribunal.

TOUS.

Coupable, sur mon honneur !

BUCKHURST, se levant.

Mylord Essex, vos pairs vous condamnent! (Essex salue, Buckhurst fait un signe, le bourreau vêtu de rouge, la hache sur l'épaule entre sur le seuil. Rumeurs de la foule.)

« Comte d'Essex, le crime de lèse-majesté entraîne la « peine capitale. Ce soir à la sixième heure, dans la cour fu- « nèbre de la Tour de Londres, vous aurez la tête tranchée, « par la main du bourreau ! » (Essex reste impassible.)

SHAKSPEARE, pleurant.

Je suis plus ému que lui.

BUCKHURT.

» Allez! homme plein de calamités! je n'ajouterai pas des » afflictions nouvelles à vos afflictions! Vous avez été géné- » ral, grand capitaine et d'un mâle courage. Jetez-vous dans » la mort comme vous vous jetiez dans la mêlée! » (Tout le monde essuie ses yeux.)

ESSEX, impassible.

Je remercie la Cour de la bonne opinion qu'elle a de moi.

BUCKHURST.

Avez-vous quelque grâce à solliciter?

ESSEX.

Rien, sinon qu'il me soit permis, avant de mourir, d'embrasser ma femme et de m'entretenir librement avec mon chapelain.

BUCKHURST.

Nous en référerons à la reine. Soyez sûr que nous ne négligerons rien pour qu'elle vous accorde cette dernière faveur.

ESSEX.

Je vous remercie, mylord.

BUCKHURST, au bourreau.

Emmenez le condamné !

RALEIGH, allant à Essex lui offre la main ; Essex hésite.

Votre main, comte, je vous en prie. (Essex la lui abandonne.)

HOWARD.

Comte, j'irai vous faire mes adieux!

ESSEX.

J'y compte, sir Hovard. (Le bourreau s'incline devant Essex, place sa hache sur son épaule de manière que le tranchant soit tourné du côté du condamné, le précède et s'arrête devant lui.)

ESSEX.

Marche, mon ami, je te suis ! (Il sort.)

SHAKSPEARE, s'oubliant, se lève.

Va mourir, héros malheureux! devant la postérité, je témoignerai du moins de ton courage!

DAVIDSON, le forçant à se rasseoir, et son mouchoir sur les yeux.

Eh bien, que faites-vous? vous vous oubliez! tous les regards sont sur vous! (Shakspeare baisse la tête et se remet à écrire.)

SCÈNE X

LES JUGES, LA REINE.

LA REINE, pâle, décomposée, s'avance au milieu de la scène.

J'ai cru que j'allais mourir!... l'orgueilleux ! il n'a pas demandé sa grâce... La fière contenance... il n'a pas faibli un seul instant!... Oh ! la lutte est trop forte! (Elle chancelle et se redresse tout à coup.) Allons, allons, contenons-nous! (D'une voix ferme à Buckhurst.) Eh bien, c'en est donc fait mylord ? le traître...

BUCKHURST.

N'existe plus, madame, il n'y a qu'un condamné. La justice a parlé, mais la volonté souveraine est au-dessus de la justice, vous avez droit de grâce, madame!...

ELISABETH, après une lutte terrible.

Non, non, pas de faiblesse devant eux. Ombre de mon père viens à mon aide! (A Buckhurst.) Vous vous trompez, mylord, la justice est au-dessus de tout ! Qu'elle ait son cours. Donnez-moi le warrant de mort! (Elle prend la plume et signe d'une main ferme.) Qu'on se retire maintenant ! (Quand ils sont partis, Catherine sort et vient s'agenouiller devant la reine.) Tu as tout entendu ? (Lui montrant la porte d'un geste terrible.) Tu peux le rejoindre, maintenant.

CATHERINE, exaltée.

Oh! merci, madame ! vous êtes moins cruelle que je ne le croyais! je n'aurai pas du moins la douleur de mourir loin de lui. (Elle sort.)

SCÈNE XI

LA REINE, seule.

Elle tombe affaissée dans un fauteuil, et après un long temps, avec ironie amère.

Tu dois être content de moi, mon père!... (Elle s'affaisse)... Oh ! que je souffre... Efforçons-nous de nous distraire! (Elle marche fébrilement.) Je veux que ma vie s'écoule dans les plaisirs, dans les fêtes... Je ne verrai plus devant moi cette tête ironique et fière!... Oui... je veux m'entourer de baladins, d'histrions... rire toujours... toujours! pour ne pas pleurer ! (Elle s'affaisse.) Ah ! faible créature que je suis ! je me croyais forte! mais non, je suis faible! je suis femme et l'orage gronde dans mon cœur! Oui... je l'aime, je l'aime, je le sens!... (Avec ironie.) Tu l'aimes ? mais regarde-toi donc insensée! quelle folie est la tienne!... le temps n'a-t-il pas ridé ton visage? tes favoris te subissent mais ne sauraient t'aimer. Ce qu'ils aiment c'est la beauté, c'est la jeunesse, et tu es vieille et laide!... Oh! mon royaume pour les attraits de la jeunesse. (Avec désespoir.) A quoi me sert-il donc d'être reine, d'être puissante ! si je ne puis arrêter le temps !... (Pleurant.) C'est ainsi qu'il fût coupable, en exigeant de lui plus qu'il ne pouvait me donner! c'est ma folle jalousie, ma cruauté, qui l'ont forcé de conspirer contre moi! et je ferais tomber cette jeune tête, j'éteindrais une vie si noblement employée à mon service, non, non, je veux qu'il vive ! je veux qu'il vive ! (Elle sonne, lord Howard paraît.) Oh! non, pas lui. Que mes sujets ignorent toujours ma faiblesse. Dites à votre femme de venir !

HOWARD, sortant.

Que lui veut-elle ?

ELISABETH, joyeuse.

Oui, oui c'est cela, de cette façon mon autorité sera sauvée !

SCÈNE XII

LA REINE, LADY HOWARD.

LA REINE, fébrilement.

Viens ici ! tu m'es dévouée, n'est-ce pas ?

LADY HOWARD, tremblante.

Votre Majesté n'en doute pas !

LA REINE, très-émue.

Écoute alors ! Je ne puis, la dignité de la reine s'y oppose, faire grâce au comte sans qu'il la sollicite. Le comte doit être exécuté à six heures; à cinq heures et demie s'il n'a pas demandé sa grâce, tu iras le trouver; tu lui feras comprendre que je suis disposée à la lui accorder; s'il en doutait, dis-lui... mais à lui seul que c'est moi qui t'envoie, qu'il me remette l'anneau qu'il tient de moi... je comprendrai ; j'exige que cette concession de son orgueil! Va, va !...

LADY HOWARD.

Ah! madame... vous êtes grande et généreuse !

ELISABETH.

Va, va, te dis-je, car je rougis de ma faiblesse. (Elle se sauve.)

LADY HOWARD, seule.

Il est sauvé ! (Elle sort.)

HOWARD, paraît sur le seuil et d'un geste de menace à sa femme, à part.

Pas encore !

ACTE CINQUIÈME

Chambre de la Tour, — fenêtres à barreaux, — à droite l'oratoire d'Essex. — Au fond large porte à deux battants donnant sur la cour; fenêtre. — Cette porte est fermée.

SCÈNE PREMIÈRE

CATHERINE, ESSEX, ASTHON, chapelain. Au lever du rideau Catherine vêtue de noir est agenouillée devant son prie-dieu; elle est concentrée. Essex entre avec le chapelain sans voir Catherine.

ASTHON.

Du courage, mon fils !...

ESSEX.

Ce n'est pas le courage qui me manque, mon père, la mort ne m'épouvante pas... Grâce au ciel, je puis l'envisager sans frémir... mais je laisse une femme qui m'est chère, et l'idée de me séparer d'elle sans la revoir... sans lui dire adieu...

ASTHON.

Détachez vos pensées de la terre, mon fils...

ESSEX.

Je ne puis !...

ASTHON.

Portez vos regards vers le ciel, c'est là qu'est l'espérance !

ESSEX.

C'est vrai, mais priez-le donc alors de me donner l'oubli ! Plus le moment approche, plus mon esprit se rattache par les souvenirs à cette terre que je vais quitter !... Non content d'évoquer ceux de ces dernières années, il fait passer, devant mes yeux les riants tableaux de mon enfance!... il me transporte dans ces demeures somptueuses où elle s'écoula ! Je revois ces jardins féeriques, ces forêts ombreuses où enfant, j'aimais à m'égarer ! Quand s'évanouissent ces riants souvenirs, d'autres plus glorieux leur succèdent... Je me revois à la tête de mon armée, au milieu du tumulte et du bruit des camps ; j'entends à m'effrayer la trompette guerrière, les cris de victoire de mes soldats ! je songe à mes triomphes, je me dis que j'avais de plus grandes choses à accomplir, et je me prends alors à aimer, à regretter la vie !... (Il s'assied abattu. Pendant ces dernières paroles Catherine s'est approchée de lui.)

CATHERINE.

Du courage, Robert.

ESSEX, se retourne vivement, la prend dans ses bras.

Catherine ! ma femme ! tu as entendu !... Oh ! pardonne, pardonne ! j'étais injuste en demandant à Dieu l'oubli !... Viens, viens là, près de moi, sur mon cœur, jetons-nous dans le passé. Puisque l'avenir nous est fermé, souvenons-nous, souvenons-nous !...

CATHERINE.

Non, l'avenir ne nous est pas fermé, Robert !... Il va commencer pour nous, ne serons-nous pas réunis à jamais... là haut !... (Essex se tait.) Tu te tais... Douterais-tu ?

ESSEX.

De la vie éternelle ?... non, Catherine...

CATHERINE.

De mon amour ?...

ESSEX.

Non, je ne doute pas... je n'ai jamais douté, chère âme ! (Avec gravité.) Mais je ne prétends pas enchaîner ton existence après-moi... Tu es jeune, tu es belle, d'autres t'aimeront...

CATHERINE, l'interrompant.

Oh ! quelle pensée, Robert !...

ESSEX.

Laisse-moi achever... A partir de ce moment il faut t'efforcer de m'oublier !...

CATHERINE.

T'oublier !

ESSEX.

Oui, je prierai Dieu qu'il seconde mes efforts, et il m'exaucera, j'en suis sûr...

CATHERINE.

Oh ! tais-toi, tais-toi !

ESSEX.

Non, Catherine, j'aurai le courage de poursuivre. Dieu n'a pas fait la jeunesse et la beauté pour être l'éternelle fiancée de la mort : quand je ne serai plus que cendre, lie ton sort à un autre et s'il te rend heureuse, mon ombre n'en sera point jalouse...

CATHERINE, sanglotant.

Est-ce toi qui parles ainsi, Robert !

ESSEX, la pressant sur son cœur.

Oui, c'est moi, moi, qui t'aime, entends-tu ; ne pleure pas enfant, mes paroles t'étonnent, tu aurais voulu de ma part plus d'égoïsme ; que j'exigeasse de toi un veuvage éternel ; non, non, une âme vulgaire pourrait exiger ce sacrifice, mais moi...

CATHERINE.

Mais tais-toi donc, cruel ! ne vois-tu donc pas que tes paroles me déchirent le cœur ! Tu appelles ce renoncement de la grandeur d'âme, moi je l'appelle indifférence et ingratitude ! tu ne m'aimes pas, tu ne m'as jamais aimée ! Oui, je croyais avoir envahi ton âme et c'est le démon de l'orgueil qui la possède tout entière ! Oh ! pourquoi t'ai-je aimé ! pourquoi t'ai-je aimé !

ESSEX, la prenant dans ses bras.

Tu es injuste, Catherine, je n'ai pas mérité ces reproches. En t'ordonnant de m'oublier, je fais preuve d'amour et non d'indifférence : la franchise ne doit pas te surprendre d'un homme tel que moi ... Une âme vraiment grande ne doit pas être la dupe de son cœur, elle prévoit et ose envisager l'avenir, si triste qu'il puisse être ! Je n'ai plus à m'occuper de mon bonheur en ce monde ; en m'occupant du tien, de ton avenir à ma dernière heure, je crois accomplir un devoir suprême.

CATHERINE, avec larmes.

Insensé ! il espère me consoler en me parlant ainsi ! il ne voit pas qu'il double ma douleur ! Ingrat ! mais c'est cette abnégation sublime, qui me montre toute la grandeur de ma perte et qui fera ma douleur éternelle. Après avoir été aimée du plus grand des hommes, quel autre oserait lever les yeux sur sa veuve. (Tendrement et suspendue à son cou.) Tu me disais cela pour me consoler, n'est-ce pas ? Si ce n'était encore que de la générosité, ce serait de la cruauté de ta part et tu ne peux être cruel, toi !

ESSEX, ému cherchant à s'arracher.

De grâce, Catherine !

CATHERINE.

Ah ! tu es ému, tu pleures, tu me trompais, avoue-le, tu avais redouté ma faiblesse, mes larmes, mais rassure-toi, je ne suis pas une femme vulgaire non plus ! l'épouse de Robert d'Essex doit être grande et noble comme lui ; n'attends donc de moi ni crainte, ni faiblesse. A ta dernière heure je serai là pour te soutenir !

ESSEX, l'embrasse en pleurant.

Catherine ! noble enfant, et moi aussi je sens à cette heure, je sens tout ce que je perds ! (Il tombe accablé.)

CATHERINE, derrière lui. Musique douce.

Et il a pu croire que je lui survivrais ! Va, conserve cette illusion cher objet de mon cœur, je ne veux pas attrister tes derniers moments. Mon âme partira en même temps que la tienne ! On dit que c'est un crime de quitter la vie sans votre ordre, mon Dieu ! Non, non, je n'en crois rien, l'horrible souffrance que nous cause la perte de l'objet aimée ne saurait vous être agréable, seigneur, car vous êtes bon et miséricordieux, la mort est le refuge des malheureux, vous me pardonnerez de mourir...

SCÈNE II

LES MÊMES, RALEIGH.

Raleigh entre par une petite porte cachée dans la muraille.

RALEIGH.

Diable, je suis considérablement engraissé ou les murs se sont resserrés... (Essex se lève brusquement, Catherine jette un cri.)

ESSEX.

Raleigh ! Laisse-nous, Catherine, rentre dans l'oratoire. (Elle sort.) Vous ici, mylord.

RALEIGH.

En personne. Vous êtes surpris de me voir arriver, n'est-il pas vrai ? surtout par ce chemin. En deux mots, je vais vous instruire... Vous savez qu'il y a trois ans, je fus pendant quelques mois gouverneur de la Tour de Londres. L'expérience m'ayant démontré que rien n'est moins stable que la faveur, pendant que j'étais le maître ici, je me fis cette réflexion : Sir Walter, tu gardes aujourd'hui les autres, mais qui t'assure que demain on ne te gardera pas à ton tour : tu es l'humeur prompte, l'esprit changeant, on ne sait pas ce qui peut arriver, ménage-toi donc une porte de sortie : cette chambre est celle spécialement affectée aux condamnés. Cette porte donne sur un couloir que j'ai fait creuser dans la muraille. Au fond de ce couloir, est un escalier dérobé qui mène droit à la Tamise. Une barque renfermant un costume complet de matelot vous attend, suivez-moi, dans dix minutes vous pourrez faire la grimace à vos ennemis. Ils vous croiront littéralement envolé.

ESSEX.

Vous venez me sauver ? vous !...

RALEIGH.

C'est bien le moins, puisque c'est moi qui vous ai perdu !

ESSEX, avec mépris.

Mais quel homme êtes-vous donc, sir Raleigh ?

RALEIGH.

Un homme qui vous haïssait hier et qui vous admire aujourd'hui ; un homme que votre puissance irritait, et que votre malheur a vaincu !

ESSEX.

Vous... tremblez pour moi ?

RALEIGH.

Oui, j'ai des remords : que voulez-vous ! on n'est pas parfait.

ESSEX, à part.

Sauvé par lui ; ce serait reconnaître sa supériorité sur moi ; oh ! non, jamais, jamais ! (Pendant ces quelques paroles, Raleigh disparaît par la porte de gauche où est la chambre d'Essex.)

ESSEX, allant à la porte.

Que faites-vous ?

RALEIGH, rentrant.

Je continue mon rôle. Sous la couverture, rien ne ressemble plus à un homme qu'un oreiller : Voyez ! à deux pas l'illusion est complète. On croit voir les battements du cœur... Si l'on venait on vous croirait endormi et on respecterait votre sommeil, ce qui nous donnerait le temps de fuir. Allons, vite, le temps presse, faites vos adieux à la comtesse d'Essex et suivez-moi.

ESSEX, après un temps.

Partez seul, sir Walter !

RALEIGH.

Hein ! qu'est-ce à dire ?

ESSEX.

Avez-vous pu penser que je me prêterais à cette ridicule comédie !

RALEIGH.

Bah ! la vie elle-même n'est-elle pas une longue comédie.

ESSEX.

Je la vois sous un autre aspect, sir Walter. Au-dessus de la ruse, il y a l'honneur, la voix de la conscience !

RALEIGH.

L'honneur nous défend-il de sauver notre tête ?

ESSEX.

Oui, par des moyens honteux.

RALEIGH.

Celui que je vous propose n'a rien de bas, que je sache.

ESSEX.

La dissimulation en est la base ; elle est indigne de moi.

RALEIGH.

Vous avez une façon de prendre les choses.

ESSEX.

C'est la bonne... je vais droit au but.

RALEIGH.

C'est d'une âme grande, mais inhabile.

ESSEX.

L'habileté ? faiblesse !

RALEIGH.

Force, mylord. Le seul courage est impuissant à vaincre tous les obstacles, l'habileté les tourne ou les évite.

ESSEX.

Et l'on sait que sir Walter est un habile !...

RALEIGH.

Sir Walter est un homme digne du nom d'homme ; prêt à la vie, prêt à la mort, aimant l'une et méprisant l'autre sous toutes ses formes, mais cherchant autant que possible à ne pas être dupe de ses semblables.

ESSEX, finement.

Vous préférez... les duper vous-même !

RALEIGH.

Certes !

ESSEX.

Les éclairer serait plus digne.

RALEIGH.

Mais plus dangereux : je n'ai pas de goût pour le martyre et c'est tout ce qu'on gagne à ce jeu-là ! Non, non ! lutter contre eux, voilà ma vie ! je n'ai pas de plus grande jouissance, je l'avoue, que celle de jouer mes ennemis, et je ne comprends pas vos scrupules pour échapper aux vôtres. (Grave.) Croyez-moi, mylord, faites-les mourir de dépit... sauvez votre vie !...

ESSEX.

Ma dignité me défend de fuir comme de demander ma grâce. Si la reine me l'eût accordée, je l'eusse acceptée avec reconnaissance : elle ne l'a pas fait !... que ma destinée s'accomplisse !... En fuyant, je semblerais la redouter, et je ne veux pas lui donner cette joie...

RALEIGH.

Et moi, je vous ordonne de me suivre, mylord...

ESSEX.

Vous m'ordonnez ?...

RALEIGH.

Oui... puisque vous le prenez si haut, puisque votre orgueil ne veut faire aucune concession, ce n'est plus en votre nom, au nom de ceux qui vous sont chers, que je vous demande de me suivre... C'est au nom de votre pays, au nom de l'Angleterre, entendez-vous, comte ?... De l'Angleterre que vous avez illustrée et qui a encore besoin de votre bras Ce n'est plus une question de personne, mais de patriotisme que j'invoque... Vivez pour la gloire de votre pays, et le désespoir de ses ennemis qui seraient tentés de l'envahir après votre mort. Fuyez, mylord... C'est au nom de l'Angleterre, que je vous demande ce sacrifice !

ESSEX.

En me condamnant à mourir, mon pays m'a clairement prouvé que je ne lui suis pas aussi indispensable que vous le dites, sir Walter !... et si je suis un héros, comme vous le prétendez, je ne dois pas fuir devant sa justice, il y aurait lâcheté pour moi, déshonneur pour lui... Quant à ces ennemis imaginaires dont vous parlez... s'ils leur prenait fantaisie d'envahir le sol de la patrie, ne serez-vous pas là, sir Walter, pour les repousser. On sait ce que peut votre vaillance !... si je blâme votre... diplomatie... je serais injuste de ne pas rendre hommage à votre valeur, à votre génie !

RALEIGH, à part.

Ah ! s'il se met à me complimenter... c'est qu'il a bien résolu de mourir !... (Haut, ému.) Voyons, comte, ce n'est pas votre dernier mot... si l'Angleterre, vous force à l'abandonner, si elle est ingrate envers vous, qui vous empêche de travailler encore pour sa gloire sans qu'elle vous y autorise ? Venez, suivez-moi dans mes expéditions lointaines !... Je vous ferai roi d'un pays inconnu, d'un monde où l'or et les pierreries abondent comme les cailloux sur le sol de notre Angleterre !

ESSEX.

Chimères ! Ne cherchez pas à m'éblouir, sir Walter !

RALEIGH.

Vous éblouir... Ah! vous savez bien que je tiens ce que je promets!... mon œil n'a-t-il pas déjà percé des horizons invisibles!... Soyez franc jusqu'au bout mylord... dites que vous ne voulez rien accepter de moi, rien me devoir?

ESSEX.

Vous l'avez dit, sir Walter! Je suis né pour donner, non pour recevoir!

RALEIGH.

Mais alors, allez en France, en Allemagne, en Italie! car c'est par ma faute que vous mourez et je ne me consolerai jamais de votre perte! c'est votre exil que je voulais, mais non votre mort. Épargnez-moi des remords éternels! Voulez-vous que je m'humilie devant vous? Eh! bien! tenez me voilà à vos pieds, fuyez, fuyez, je vous en supplie...

ESSEX, après un silence.

Votre dévouement me touche, mais je ne puis me rendre à votre désir... ma résolution est inébranlable... Cette île a été la terre de mon berceau!... Elle sera aussi celle de mon sépulcre, j'y chercherai et j'y trouverai l'une de ces deux choses; mon ancienne grandeur ou la mort!

RALEIGH, désespéré, avec rage essuie une larme.

Ah!... (Haut.) Morbleu! je vous sauverai malgré vous! Vous auriez accepté votre grâce de la reine, avez-vous dit?... Je cours me jeter à ses pieds... je désarmerai sa colère... je la ramènerai là, s'il le faut! A bientôt, mylord! j'en jure Dieu!... je vaincrai votre résistance, je vous forcerai à vivre! (Il sort.)

SCÈNE III

ESSEX, seul.

Quel homme étrange!... véritable Protée, il vous échappe quand on croit le saisir!... Quelle grande âme sous cette fange!... (Cinq heures sonnent, il tressaille.) Cinq heures!... encore une heure, et le sommeil éternel commencera pour moi!... Bah! qu'importe!... la vie doit moins se compter par le nombre des années que par les jouissances ressenties!... et j'ai vécu plus de cent ans à ce compte-là. A part celle que je laisse derrière moi, et qui m'oubliera, c'est la loi, qu'ai-je à regretter sur terre?... le passé?... il n'est plus que cendre; le présent?... il n'existe point! L'avenir?... sais-je ce qu'il serait?... Au ciel longtemps serein, succèdent toujours les orages!... Allons! tout cela, je le vois, n'est qu'affaire d'imagination!... je n'ai rien à regretter!... je puis mourir!... (Il se regarde au miroir en passant.) Dieu! comme je suis fait! le séjour de la prison... vous force à un négligé... (Il passe sa main dans ses cheveux et se rajuste).

SCÈNE IV

ESSEX, CATHERINE.

CATHERINE, regardant.

Il est parti... Que te voulait donc sir Walter, mon ami?...

ESSEX, se regardant, toujours la main dans ses cheveux.

Rien, me faire ses adieux, me demander pardon; il est parti content.

CATHERINE.

Quel calme!

SCÈNE V

LES MÊMES, HOWARD.

ESSEX, le regardant, à part.

Ah! c'est le remords qui entre... je ne pouvais pas l'éviter... (Changeant de ton.) Je suis heureux de vous voir, sir Howard, je craignais que vous ne m'eussiez oublié... comme les autres!...

HOWARD.

Non, mylord... je n'oublie pas, moi!... Je suis entier dans mes amitiés... comme dans mes haines...

ESSEX.

Avez-vous des nouvelles de Southampton?...

HOWARD.

Sa blessure exige un repos absolu; il est détenu dans sa maison...

ESSEX.

Pauvre ami... Vous l'embrasserez pour moi, sir Howard, et vous lui direz que j'ai bien pensé à lui avant de mourir.

HOWARD.

Comptez sur moi!

SCÈNE VI

LES MÊMES, LE CHAPELAIN.

LE CHAPELAIN.

Rendons-nous à la chapelle, mon fils... l'heure est venue.

ESSEX.

Je vous suis, mon père... Vous retrouverai-je, sir Howard?

HOWARD.

Je ne vous quitterai qu'au dernier moment, mylord!

ESSEX, à part.

C'est mon châtiment!... Dieu est juste!... (Il sort avec le chapelain et Catherine.)

HOWARD, seul.

Il a évité de prononcer le nom de sa complice! Je le comprends!... je dois être pour lui l'image du remords!... Ah! qu'il souffre autant qu'il m'a fait souffrir... (Cinq heures et demie sonnent.) Ah! voici l'heure!

SCÈNE VII

LADY HOWARD, HOWARD, LE GEOLIER.

LADY HOWARD, dans la coulisse.

Au nom de la reine, vous dis-je!...

LE GEOLIER.

Entrez alors, madame!...

HOWARD.

Ah! par le ciel, elle est exacte! A nous deux maintenant, lady Howard!

LADY HOWARD, entrant précipitamment.

Ah! vous êtes là, mylord? vous êtes venu lui faire vos adieux!... Espérez, espérez! tout n'est pas perdu!

HOWARD.

Que voulez-vous dire?

LADY HOWARD.

La reine veut sauver le comte; elle n'exige de son orgueil que la remise d'un anneau qu'elle lui donna jadis!

HOWARD.

Oui, je sais....

LADY HOWARD.

Où est le comte?... où est-il?...

HOWARD.

Vous le trouverez à la chapelle, où il se rend en ce moment.

LADY HOWARD.

Oh! j'y cours, j'y cours...

HOWARD.

Allez, allez, je vous attends ici!... (Il lui ouvre la porte.)

SCÈNE VIII

HOWARD, seul.

Va, va le trouver!... Je suis aussi pressé que toi, de le voir revenir... Enfin, comte... je te tiens donc!... tu ne peux m'échapper. (Il se promène fébrilement.) S'il refuse de rendre l'anneau, la justice suivra son cours!... Et, s'il le lui remet, je suis là pour m'en emparer!... Les minutes me paraissent des siècles!... Que va-t-il faire?... Comme elle tarde!... (Il va à la porte.) Reviens... mais reviens donc!... Ah! enfin!...

SCÈNE IX

HOWARD, LADY HOWARD.

HOWARD, avec empressement.

Eh bien, cet anneau?...

LADY HOWARD, haletante.

Le voici! le voici!

HOWARD, saisissant l'anneau. Il le contemple diaboliquement.

Un joyau magnifique, par le ciel!... (Il va fermer la porte.)

LADY HOWARD.

Où allez-vous?

HOWARD, ne répond pas et contemple l'anneau.

Et dire que la vie du comte tient à ceci!

LADY HOWARD.

Oui, mais tant que la reine ne l'aura pas entre les mains. (Elle veut le prendre, il retire sa main.) Que faites-vous donc?

HOWARD.

Mais... je le garde...

LADY HOWARD.

Le temps presse... rendez-moi cet anneau... la reine... l'attend...

HOWARD, indifférent.

Oui, pour lui faire grâce, je le sais pardieu bien!... (Il le serre dans sa poche.)

LADY HOWARD, troublée.

Mon Dieu!... je tremble de deviner!...

HOWARD.

Qu'avez-vous donc?... Ce trouble! (Il la fixe du regard.)

LADY HOWARD.

Quel regard!... Il me fait peur!... (Elle recule, Howard, marche sur elle à mesure.)

HOWARD.

Ah! vous commencez à comprendre, je crois... vous devinez enfin que ce n'est pas un ami qui est ici, mais un juge!... Que ce n'est pas un sauveur, mais un époux outragé qui se venge!

LADY HOWARD.

Ah! je rêve! je rêve!

HOWARD.

Non, non, vous ne rêvez pas! C'est bien la réalité, la terrible réalité qui vous étreint... Je sais tout? Votre amour et mon déshonneur!

LADY HOWARD.

Ciel!... il est perdu!...

HOWARD.

Oh! oui, bien perdu!

LADY HOWARD.

Mais c'est une lâcheté que vous commettez-là, c'est un crime!... Cet anneau, je vous l'ai confié, vous me l'avez pris, vous me l'avez volé! (Elle court éperdue.) A moi, à moi, au secours!

HOWARD, lui saisissant le bras.

Silence! malheureuse!... Ne vois-tu pas que tes cris sont inutiles... Il ne repassera ici que pour monter les degrés de son échafaud.

LADY HOWARD, se traînant à genoux.

Vous ne ferez pas cela, mylord. Grâce! grâce! pitié!

HOWARD.

A-t-il eu pitié de moi? lui?

LADY HOWARD.

Ce n'est pas lui qui est coupable, c'est moi! C'est moi! moi seule!... Mon fatal amour a tout fait! C'est moi qui l'ai attiré dans un piège!

HOWARD.

Tu mens!

LADY HOWARD.

Je le jure par mon salut!

HOWARD.

Tu mens, te dis-je!

LADY HOWARD.

L'heure va sonner!... Cet anneau! je le veux!... Il me le faut!

HOWARD, riant.

Ah! ah! ah! (Lady Howard s'élance sur lui et cherche à le lui arracher.) Arrière! arrière! misérable! (Il la rejette violemment sur un fauteuil. Six heures sonnent.)

LADY HOWARD.

Six heures!... Ah! trop tard! (Elle tombe évanouie.)

HOWARD.

Il était temps! (La porte du fond s'ouvre, les soldats envahissent la scène. Au fond de la cour sont rangés les seigneurs, et, à quelques pas de la porte, l'échafaud avec le bourreau appuyé sur sa hache. Par l'oratoire sortent Essex, le chapelain, Catherine.)

SCÈNE X

LES MÊMES.

ESSEX, à Catherine.

Tu le vois, Catherine, ma mort ne suffisait pas à la reine, il lui fallait aussi mon humiliation!

CATHERINE.

Ne songe plus à elle, Robert, soyons tout à Dieu!

ESSEX, apercevant l'échafaud et tressaillant.

Ah! priez, priez pour moi, mon père, car la vie se révolte encore en moi!

CATHERINE, lui serrant la main.

Courage, Robert!

ESSEX.

Comment c'est toi... chère âme!... (Il l'embrasse tendrement.) Que vas-tu devenir?

CATHERINE, avec un sourire céleste.

Ne me plains pas? je suis heureuse!... (Elle chancelle.)

ESSEX.

Ah! tu veux en vain m'abuser, ta faiblesse, ta pâleur: l'épreuve est au-dessus de tes forces... retire-toi... je t'en supplie!

CATHERINE, chancelant et souriant toujours.

Non, Robert, laisse-moi, ne vois-tu donc pas que je n'appartiens déjà plus à la terre?... Que mon sort ne t'inquiète pas... nos âmes monteront ensemble vers le ciel!

ESSEX.

Ciel! je comprends... le poison.

CATHERINE, lui mettant la main sur la bouche.

A quoi bon! Robert? Il est trop tard! Adieu!... (Elle lui montre le ciel. — Il l'embrasse encore et la dépose sur un fauteuil.)

ESSEX, joyeux.

Ah! vienne la mort, maintenant... je l'appelle... je la désire... (Il embrasse Catherine.) A tout à l'heure, dans le ciel! (Il s'élance, il aperçoit Howard qui se tient sur les degrés de l'échafaud; en l'apercevant, il a comme un pressentiment.)

HOWARD, l'arrêtant et lui montrant l'anneau.

Comte d'Essex! souvenez-vous de la nuit du 10 juillet 1597! Je me venge!

ESSEX, recule et regarde le ciel.

Ah! Dieu est juste! (Il remonte courageusement les degrés de l'échafaud et disparaît. Lord Howard le suit, monte aussi sur l'échafaud, se croise les bras en regardant fixement du côté où est le comte. Il est en vue du public. Un coup sourd se fait entendre.)

LE BOURREAU, dans la coulisse.

Justice est faite, Dieu sauve la reine !

HOWARD, descendant gravement.

Je suis vengé !

SCÈNE XI

Les Mêmes, RALEIGH, LA REINE.

LA REINE, très-pâle, elle entre précipitamment.

Je vous l'avais bien dit, sir Walter, que l'orgueilleux refuserait.

CATHERINE, mourante, se dresse devant elle.

Reine !... dépose ta couronne... tu n'es plus digne de la porter !... tu as manqué à ta parole royale...

ÉLISABETH.

Que dit-elle ?

CATHERINE.

Cet anneau... qu'il devait te remettre en échange de sa vie...

ÉLISABETH.

Eh bien ?...

CATHERINE, avec un effort.

Il te l'a remis... et... tu l'as tué !... (Elle meurt.)

RALEIGH.

Ciel !...

LA REINE.

Ai-je bien entendu ?... Parle... Mais parle donc ?...

RALEIGH.

Elle est morte, madame !...

ÉLISABETH, rugissante.

Oh !... mais, par le ciel... j'aurai la clef de ce mystère... (A lady Howard.) Parle, parle, toi !...

LADY HOWARD, montrant son mari.

Oh ! grâce ! grâce, madame ! ce n'est pas moi, c'est lui !... c'est lui qui m'a pris l'anneau !...

HOWARD, le rendant à la reine.

Votre anneau, le voici... Il m'avait pris mon honneur, je lui ai pris sa vie...

LA REINE, poussant un cri fauve.

Ah !... ton honneur, misérable !... et que m'importe ton honneur !... mais, tu es fou !... Cet homme est fou assurément... Il n'a même pas la conscience de son infâme action !... Mais, qui donc es-tu pour oser exercer de pareilles représailles ?... Il t'avait pris ton honneur, dis-tu ? il avait séduit ta femme !... la belle affaire !... il m'avait bien trompée, moi !... et je lui avais pardonné !... Mais, tu ne sais donc pas ce que tu as fait ?... qui tu as tué ?... C'est la beauté, la jeunesse, l'intelligence et la force !... Retire-toi, misérable, tu ne mérites pas de partager son sort, je te fais grâce de la vie... mais sors de mon royaume... que je ne te revoie jamais !... jamais !!!... jamais !!!... (Elle tombe accablée).

RALEIGH.

Madame, madame... revenez à vous !...

ÉLISABETH.

Seule, seule au monde à présent !

RALEIGH.

Non, madame, il vous reste l'Angleterre !... (Il s'agenouille devant elle.)

ÉLISABETH, se dresse brusquement à ce mot, elle fait un violent effort pour dompter son émotion.

Votre main, Raleigh !

FIN

POISSY. — TYP. ET STÉR. DE A. BOURET.

www.ingramcontent.com/pod-product-compliance
Lightning Source LLC
Chambersburg PA
CBHW060522050426
42451CB00009B/1122